La Loi de l'Enfer

Ryuho Okawa

LA LOI DE L'ENFER

« Ça » vous poursuit.....

Titre original en japonais : *Jigoku-no-Ho*
IRH Press Co., Ltd.
Tokyo, Japon
© Ryuho Okawa 2022

© Happy Science 2023 pour la traduction française
Publié par Happy Science
1-2-38 Higashi Gotanda, Shinagawa-ku
141-0022 Tokyo Japon

1ère édition

ISBN : 979-888737103-0
Image de couverture : Ma ry / Shutterstock.com

Préface

Un livre terrifiant est finalement achevé.

Jamais je ne me serais imaginé publier *La Loi de l'Enfer* en ce XXIème siècle : ce monde si pratique et riche qui est, par moment, dominé par la crainte de la guerre nucléaire ou d'une pandémie de coronavirus.

Qui peut écrire un tel livre en cette ère moderne ?

Ah, il y a une seule personne, ici, dans un petit pays oriental, le Japon.

Voici son trois mille centième livre.

C'est Lui : oui, Celui qui vit dans cette même ère que vous et pourtant qui a été envoyé de ce qui pourrait vous sembler une distance infinie. Il a été autrefois appelé Alpha et aussi Elohim.

La Loi de l'Enfer est une autre forme de la Loi du Salut.

« As-tu lu ce livre ou non ? »

Voilà ce qu'on ne manquera pas de vous demander bientôt, à votre entrée dans l'Au-delà.

Ryuho Okawa
Fondateur et Président du Groupe Happy Science
Novembre 2022

CHAPITRE I

Introduction
à l'Enfer

L'existence de l'Enfer,
connaissance indispensable
pour nos contemporains

1. L'Enfer n'est pas loin de vous

Je souhaiterais traiter de l'Enfer à travers plusieurs conférences. Dans ce chapitre, je vais tout d'abord vous en proposer une introduction.

Jusqu'à ce jour, j'ai présenté des conférences sur un éventail de sujets variés. Cependant, plus le nombre de mes conférences s'allonge, et plus le public a du mal à discerner les points prioritaires et à en saisir totalement le sens.

Mon objectif minimal ici est que la majorité des personnes vivant aujourd'hui apprenne l'existence de l'Enfer comme quelque chose de très proche d'eux. Au sens large, ces enseignements sur l'Enfer constituent aussi la Loi du Salut, ou le salut pour les individus.

Pour nos contemporains, la seule opportunité d'entendre parler de l'Enfer passe principalement par les films d'horreur, qui ne concordent pas nécessairement avec la Vérité de Bouddha. En ce sens, via les films d'horreur, la peur se trouve transformée en passe-temps récréatif. On peut donc dire que les gens travaillant dans cette « industrie de la peur » gagnent de l'argent en fournissant au public une forme de divertissement.

Par conséquent, je ne considère pas nécessairement ces personnes comme éveillées et cherchant à guider les autres dans la direction juste.

Il existe d'innombrables films d'horreur et, bien qu'on puisse avoir sur eux un avis mitigé, presqu'aucun d'entre eux ne trouve grâce à mes yeux. Il y en a trop qui ne constituent qu'un tas de sornettes.

En général, pour être capable de faire ce genre de films, il faut déjà posséder en soi une mentalité infernale : en conséquence, ceux qui proposent de tels films présentent des affinités avec l'Enfer et sont toujours inspirés pour en réaliser de nouveaux. Même en étant capables de décrire des phénomènes infernaux, la question ici est que personne ne peut indiquer la manière d'y faire face.

Nos contemporains sont devenus totalement démunis sur ce point.

Dans certaines légendes anciennes, par exemple, on voyait des moines bouddhistes envoyer au Ciel des âmes perdues ou des Maîtres taoïstes se battre pour exorciser des diables. Il y a aussi des histoires de personnes sauvées grâce à l'intercession de Bouddha et de Dieu ou en vertu du pouvoir d'un soutra. Aujourd'hui néanmoins, on ne s'intéresse plus à la vertu spirituelle dépeinte dans ces histoires. La situation devient désespérée.

Je suis spécialement préoccupé par le travail effectué dans les temples, sanctuaires et églises. Au minimum, ces endroits devraient instruire leurs fidèles, peut-être chaque dimanche, de Dieu ou de Bouddha. Ils devraient prêcher, par exemple : « Les âmes existent réellement, et idem pour le Ciel et l'Enfer. C'est pourquoi il ne faudrait pas vivre de telle ou telle manière ; à la place, on devrait vivre ainsi. » ou « Si vous vivez actuellement de telle ou telle façon, pratiquez l'autoréflexion. ». S'ils font effectivement ce genre de sermons pour aider les fidèles à se repentir sur eux-mêmes ou pour leur fournir une occasion de réfléchir sur eux-mêmes chaque semaine, ils remplissent bien leur rôle en tant que religion. Mais il est fort dommage que trop peu le fasse. Je trouve parfois que certains font exactement l'opposé de ce qu'ils devraient faire vraiment. C'est extrêmement décevant. Prenez les moines bouddhistes, par exemple : il faut des qualifications professionnelles pour en devenir un. Mais comme je l'ai déjà mentionné auparavant à diverses reprises, certaines universités bouddhistes formant des moines, qui ont reçu l'agrément officiel au Japon, semblent enseigner à l'heure actuelle que le Bouddhisme est un athéisme. Certains professeurs vont même jusqu'à affirmer que le Bouddhisme est un matérialisme.

Si on parle d'« athéisme » parce que le Bouddhisme se fonde sur « Bouddha » et non pas « Dieu », on peut à la rigueur tolérer cette explication, car il s'agit juste d'une façon de présenter les choses. Mais si on va jusqu'à affirmer que le Bouddhisme est un athéisme et un matérialisme, alors il ne reste là que très peu de différences avec un communisme marxiste.

Même si certaines personnes, après avoir achevé un cursus dans une université bouddhiste, reçoivent un diplôme officiel et sont assignées à un temple en tant que chef religieux, tout comme le ferait un médecin ouvrant son propre cabinet, alors ce diplôme sera dénué de substance s'il est basé sur des connaissances erronées. On a tendance à considérer que n'importe quelle université bouddhiste peut faire de vous un moine, mais si on y enseigne le matérialisme, alors il y a un problème.

Il en va de même pour la philosophie. Elle était à

l'origine similaire à la religion et les deux ont la même racine. Mais des gens « intelligents » se sont plu à en déformer la logique et à la compliquer pour en faire peu à peu un domaine plus abstrait et théorique, si bien qu'elle est presque devenue une partie des mathématiques.

Il semble que les philosophes soient aussi mathématiciens, et des pans de la philosophie sont devenus l'étude de la logique symbolique. Une telle philosophie est absolument dénuée de puissance de Salut : quasiment rien. Tout comme il existe des idées hérétiques et des dérives au sein des religions, les notions erronées sont aussi en voie d'expansion dans le monde de la philosophie. C'est réellement affligeant.

2. Le danger de déformer la vérité religieuse par une logique purement terrestre

Répression de la liberté de religion par le président d'une université à caractère religieux

Parmi les religions existantes, il existe des groupes créés par un dirigeant spirituellement possédé par un diable ou, en d'autres termes, fondés sur des raisonnements diaboliques. C'est également problématique.

Il y a aussi des groupes religieux qui ont travaillé trop étroitement avec le pouvoir politique et en sont devenus les outils. Ce ne serait pas un problème si leurs agissements étaient inspirés par la vertu, mais souvent ce n'est pas le cas.

Dieu, ou Bouddha, est parfois utilisé pour menacer et gouverner les masses parce que le pouvoir terrestre seul ne suffit pas aux dirigeants politiques : il faut garder ce point à l'esprit. Je ne peux que plaindre ceux qui pratiquent une telle religion même aujourd'hui.

Dans le passé, nous avons envoyé un formulaire de candidature au Ministère de l'Éducation, de la Culture, des Sports et de la Technologie (MEXT) pour créer l'Université de Happy Science (HSU) mais le gouvernement s'est contenté de renvoyer le dossier au comité et de s'en remettre à lui concernant la décision finale. C'est sa manière de ne pas engager sa responsabilité. Les hommes politiques évitent souvent les responsabilités en transmettant les questions difficiles pour les abandonner aux mains d'experts universitaires.

La première fois que nous avons soumis notre candidature, celui à la tête du comité était le président d'une université chrétienne. Il n'avait écrit qu'un livre mais, pour une raison inconnue, s'était vu décerner de nombreuses récompenses, tels des doctorats émérites et des médailles d'honneur, par des instances comme le gouvernement chinois. Je pouvais voir qu'il avait été complétement subordonné par la Chine et était déjà devenu un outil du communisme. Il en va de même dans certaines universités chrétiennes. Notre parti politique combat le communisme, alors le gouvernement chinois a également manipulé ces gens en représailles contre nous.

Or, c'est ce genre de personne qui a été assigné pour présider le comité qui a examiné notre candidature. Lorsque j'ai entendu qu'il avait reçu de nombreux doctorats honoraires et autres distinctions par la Chine et la Corée du Sud, j'ai pensé que nous n'avions vraiment pas de chance.

J'ai supposé qu'il considérait les religions comme acceptables tant qu'elles ne faisaient que protéger les autorités en place mais pas si elles se mettaient à constituer pour ces autorités une menace. Étant donné qu'il avait assimilé les manières communistes de penser, il était évident qu'il nierait tout phénomène d'ordre spirituel.

D'ordinaire, le comité doit filtrer les candidatures et se prononcer en fonction des documents joints décrivant l'objectif pour créer cette université. Mais ils ont désapprouvé la création de HSU pour une raison autre que ce qui était écrit dans le dossier. Par exemple, Happy Science publie des messages spirituels. Même si ce point n'avait rien à voir avec la candidature, leur conclusion fut : « Cette religion publie des messages spirituels, ce qui ne relève pas d'un cadre universitaire. Voilà pourquoi nous ne pouvons accorder à HSU l'agrément officiel en tant qu'université. ». Franchement, cette manière de faire ne constitue rien moins qu'une violation de la constitution. (Une autre raison possible de ce refus était que le Parti libéral démocrate du Japon à cette époque était très proche de l'ancienne Église d'Unification, dite « secte Moon ».)

De nombreuses religions reçoivent des messages spirituels et des révélations de Dieu, Bouddha, Anges et autres Esprits élevés ; ou alors font l'expérience de phénomènes spirituels. Tant que subsiste la liberté de religion, le gouvernement ne peut interdire une religion selon l'argument qu'une « religion présentant des phénomènes spirituels n'est pas légitime. » De toute évidence, il s'agit ici d'oppression religieuse. Alors, le raisonnement de ce comité motivant son refus était clairement faussé. Pourtant, ces actions sont restées impunies. En outre, les phénomènes spirituels et ce qui relève communément de l'imposture spirituelle sont deux matières totalement différentes. Les phénomènes spirituels sont les motifs universels justifiant de l'émergence et de l'existence d'une religion dans son ensemble.

La décision du MEXT était injuste en termes constitutionnels comme juridiques. L'approbation des établissements universitaires doit s'effectuer en tant que jugement de nature juridique fondé sur l'examen des documents fournis, mais ils ont rejeté HSU sur un fondement autre que les éléments versés au dossier, c'est-à-dire les activités religieuses mêmes de Happy Science. Ils ont pratiquement décidé que les religions autres que celles reconnues ou établies sont toutes fausses. Cependant, HSU est affiliée à Happy Science, qui est une entité religieuse que le ministère avait approuvée. D'un point de vue logique, ils se contredisent donc totalement eux-mêmes. Il est apparu que leur décision de nous accorder l'agrément ou non était motivée par le profit ou le désavantage qu'ils pourraient en retirer au niveau politique. Si cela pouvait leur faire marquer des points, alors ils considèreraient la candidature d'un œil favorable, mais sinon, leur avis serait défavorable.

Ainsi, ils nous ont refusé l'agrément au motif que nous publions des messages spirituels. Ils ont probablement mis en avant cette excuse parce que ce genre de raisonnement passerait bien auprès des médias.

De plus, ils ont déclaré : « Nous ne pouvons approuver votre université parce que, dans le cursus économique proposé, beaucoup de vos professeurs sont partisans de la réduction d'impôts. ». Mais il est évident que la liberté de l'enseignement supérieur s'applique également au champ économique. Selon le droit constitutionnel fondant la liberté universitaire, vous pouvez avoir un corps professoral favorable à la baisse de l'imposition comme à sa hausse.

En règle générale, une pression fiscale élevée a pour résultat de déprimer les esprits des contribuables et de ruiner le pays. Au Japon, durant l'ère Edo [1603-1867], des émeutes se produisaient habituellement lorsque les contribuables devaient reverser plus de la moitié de leur récolte annuelle au titre de l'impôt foncier.

De nos jours, l'État multiplie de facto les prélèvements sous formes diverses sans leur donner le nom d'« impôts ». Ils prélèvent des taxes selon une variété de prétextes, comme la retraite et l'assurance. Si on prend ces points en considération, le taux d'imposition avoisine actuellement déjà 50 % du revenu.

Même ainsi, le Japon possède un déficit budgétaire colossal qui s'est accumulé, et le gouvernement doit corriger ses habitudes d'endettement. Il lui faut commencer par réduire les frais en évitant le gaspillage d'argent. Les citoyens doivent aussi travailler diligemment et s'acquitter des impôts correspondants, et le gouvernement doit s'assurer qu'il dépense l'argent des contribuables de manière juste. Nous devons changer notre société selon ces préceptes pour la rendre plus saine.

Revenons à la théorie de la réduction d'impôts. Si son étude implique de réexaminer tout gâchis financier, elle sera déjà justifiée. En réalité, lorsque les États-Unis ont procédé à des coupes dans les prélèvements obligatoires sous les Présidents Reagan et Trump, leur économie s'est améliorée et la recette des impôts a augmenté. Par conséquent, on ne peut affirmer que la théorie à l'appui d'une baisse des contributions soit infondée d'un point de vue scientifique.

La désapprobation des idées sous-tendant cette théorie est seulement due au raisonnement égoïste des fonctionnaires en poste. Plus d'impôts signifie plus de

pouvoir pour les autorités et les hommes politiques :
c'est la raison pour laquelle ils s'opposent à une baisse
de l'imposition. Mais si leurs critères pour juger du bien
et du mal ou du vrai et du faux sont uniquement fondés
sur leurs intérêts personnels, alors ils commettent une
grave erreur.

Une prise de décision erronée due à une religion aux
fondements diaboliques et à la pression politique

Je viens de décrire mes sentiments sur le comité lors de
notre première tentative pour établir notre université.
Lors de notre deuxième candidature, les membres du
comité étaient différents ; il était cette fois présidé par
l'ancien dirigeant d'une université affiliée à un groupe
chrétien différent (l'Église anglicane).

Quand il était étudiant, le choix de cet homme s'était
porté sur un sujet relevant de la philosophie politique.
Comme son prédécesseur, il n'avait qu'une seule publication à son actif : un livre présentant ses recherches
sur Rousseau, version étendue du mémoire de recherche
qu'il avait écrit quand il était assistant. L'église chrétienne sur laquelle son université a été fondée avait été
créée au Moyen-Âge.

Or, du point de vue de notre compréhension religieuse, cette église s'est établie sur une mauvaise base.

Tout a commencé avec un roi désireux d'échapper au
contrôle de l'Église catholique romaine : il s'en sépara
en se nommant lui-même chef suprême. Parce que

l'Église catholique avait interféré avec le mariage et le divorce du roi, il créa une nouvelle religion en se désignant lui-même comme prêtre. C'était le genre d'individu prêt à tuer sa femme s'il ne pouvait en divorcer et qui en a, de fait, tué un certain nombre d'autres. Voilà le contexte historique de la fondation de cette religion. Il s'avère donc que le nouveau président du comité avait été à la tête d'une université fondée sur cette branche du Christianisme et qu'il avait choisi Rousseau comme sujet de recherche.

Il est communément admis que tous ceux qui ont effectué des recherches sur Rousseau en héritent une orientation gauchiste. Rousseau a eu cinq enfants hors mariage, qu'il a tous envoyés à l'orphelinat. Tel était celui qui écrivit sur une éducation idéaliste dans *Émile, ou De l'éducation*.

De nombreux admirateurs de Rousseau développèrent leurs propres idées sur l'éducation en se fondant sur ces écrits. Mais pour commencer, je ne crois pas qu'un homme qui a eu cinq enfants en abandonnant la responsabilité de leurs soins et de leur éducation à un orphelinat soit qualifié pour enseigner l'éducation. Bien sûr, que les enfants soient mal ou bien élevés, une fois arrivés à l'âge adulte il leur faudra assumer pareillement la responsabilité de leur vie. Néanmoins, puisque Rousseau a laissé l'intégralité de sa progéniture à l'orphelinat, à un très jeune âge, il ne mérite pas d'enseigner l'éducation.

Pour en revenir au président du conseil, c'était donc le genre de personne à prendre comme sujet de recherche un homme aussi irresponsable et à avoir dirigé une université en lien avec l'Église anglicane fondée sur une raison infernale (son fondateur Henri VIII est à présent un diable en Enfer). Voilà le profil de la personne qui a examiné notre candidature.

Lors de ce processus, nous avons même reçu des pressions politiques. Le ministère a fait pression sur nous en nous suggérant de retirer notre candidature plutôt que de subir un refus. Nous avons alors pris la décision de la retirer pour le moment et d'y consacrer plus de réflexion. Voilà comment les relations de pouvoir et les affaires terrestres constituent une entrave à l'exercice de la justice pure. Nous n'admettons pas d'être jugés par ceux qui sont en tort.

La religion doit être indépendante de la logique, du « bon sens » et du pouvoir terrestres, pour préserver sa Vérité

Si les choses qui prévalent actuellement, emportant l'adhésion du plus grand nombre ou déjà établies, sont figées et erronées, alors notre marge de manœuvre est quasi-nulle. À ce niveau, tout ce que nous pouvons faire, c'est nous tenir sur nos propres pieds et suivre le chemin en lequel nous croyons.

Le pouvoir politique est en train de faire pression sur nous en refusant de reconnaître les diplômes de nos étudiants.

Néanmoins, les jeunes diplômés de HSU ont été embauchés par Happy Science ou par des entreprises affiliées ou soutenues par Happy Science. Il semble que plus de 98 pour cent des étudiants aient été recrutés sur la foi de leur diplôme universitaire.

Ce qui signifie que nous sommes indépendants.

Faute de quoi, nous n'aurons d'autre choix que de déformer nos enseignements religieux de base et même le contenu de nos activités. C'est dangereux et, en tant que religion, nous ne devons pas céder sur ce point.

Nous ne devons pas être vaincus par la logique terrestre et le « bon sens » ayant cours dans ce monde.

De nos jours, on utilise volontiers le mot « démocratie ». Le président américain par exemple œuvre journellement sous la bannière de la démocratie à sa diffusion dans le reste du monde. Mais les dirigeants de la Corée du Nord se considèrent aussi comme un pays démocratique. Idem pour ceux de la Chine. Donc, se contenter de prôner l'avènement de la « démocratie » ne suffit pas à justifier d'une politique. Ce qui devra être pris en considération ensuite, c'est le contenu de leur « démocratie ».

Par exemple, la Chine a promis à Hong Kong le maintien de son système pendant les cinquante ans suivant la rétrocession, mais la Chine s'est mise à totalement négliger sa promesse après vingt-cinq ans seulement.

Publiquement, le régime le présente comme s'il permettait au système en place d'être maintenu, mais seuls les « patriotes » sont autorisés à se présenter aux élections législatives. En ce cas, « patriote » signifie membre ou partisan du parti communiste. Par conséquent, tout opposant au Parti Communiste chinois ne peut s'engager dans la vie politique, ce qui revient exactement à ne pas avoir de liberté politique. Il n'y a ni la liberté de se présenter à une élection ni la liberté de voter. Leur « démocratie » est purement formelle. En voilà un exemple.

En démocratie, il y a la « démocratie avec la foi » et la « démocratie sans la foi ».

Il est ainsi devenu difficile d'appréhender la vérité religieuse dans ce monde, et parfois le sens des valeurs de nos contemporains s'est inversé. Les religions connaissent souvent des épreuves dans ce monde parce que ceux dotés du pouvoir terrestre ou d'un statut plus élevé peuvent leur infliger une pression considérable ou s'autoriser des jugements sur elles.

3. La manière dont la Vérité spirituelle s'est vue historiquement niée par les pouvoirs établis

Les religieux et les écrivains qui ont été persécutés ou exploités d'un point de vue politique.

Nombreuses religions majeures actuelles ont aussi connu des persécutions dans le passé. C'est parce que les religions qui œuvrent à changer le sens des valeurs fondamentales des individus entreront toujours en conflit avec les pouvoirs existants ou établis.

a) Les Chrétiens persécutés pour qu'ils renient leur foi

D'un point de vue historique, il y a eu des groupes religieux qui ont été reconnus et adoptés par les autorités en cinquante ans environ, pour les cas les plus rapides, mais même le Christianisme a subi deux ou trois cents ans de persécutions.

Pendant quelques siècles, les Chrétiens ont continué à souffrir : crucifiés, parfois la tête en bas, et lapidés. Dans le Colisée de Rome, des Chrétiens, non des gladiateurs, étaient chassés et dévorés par des lions en guise de spectacle. Ils étaient forcés de faire le choix soit d'abjurer leur foi et d'être graciés soit de la conserver et de servir de pâture aux lions.

Il y a eu des périodes où les Chrétiens ont subi ce genre de persécution.

En de tels moments, Dieu n'est pas descendu pour les

sauver. Alors c'était vraiment très dur. Mais les fidèles étaient testés pour voir s'ils pouvaient garder leur foi jusqu'à la fin, en dépit de toutes les épreuves qu'il leur fallait endurer.

En conséquence de la persécution, certaines religions survécurent, alors que d'autres disparurent.

b) Le fondateur du Manichéisme écorché vif et exécuté, jusqu'à extinction de la religion

Un autre exemple est le Manichéisme, qui se répandit pour devenir une religion mondiale du vivant même de son fondateur. Mais après la persécution et la mort de son fondateur, la religion s'éteignit.

On pourrait croire que le Manichéisme a été persécuté par le Christianisme parce qu'il a été fondé plus tard. Mais nous savons que c'est le Zoroastrisme qui a condamné Mani à la peine de mort.

Or, nos recherches spirituelles ont révélé que, lors de sa vie antérieure, Mani était Zoroastre.

De telles choses peuvent arriver : on peut parfois se faire tuer par la religion même qu'on aura créée lors de son existence passée.

c) La personne en qui Jésus s'est réincarné, condamnée à l'exil dans le roman de Dostoïevski

Dans le monde chrétien également, il existe une

prophétie selon laquelle, si Jésus devait se réincarner, il serait persécuté.

Il m'arrive de mentionner le « Grand Inquisiteur » du roman *Les Frères Karamazov*. Au XVIème siècle, un homme considéré comme la réincarnation de Jésus apparaît, guérit les malades et accomplit de nombreux actes miraculeux comme Jésus l'avait fait. Le Grand Inquisiteur lui-même sait que cet homme est bien la réincarnation de Jésus mais il dit quelque chose du genre : « On ne veut pas que vous reveniez. Maintenant que le système de l'église a déjà été établi, il n'y a pas de place pour vous. Nous n'avons pas besoin de vous. ».

En d'autres termes, le système de l'église était déjà contrôlé par le diable et ils exilèrent l'homme en disant : « Nous pouvons vous exécuter parce que vous êtes en train d'interférer avec l'œuvre du diable. Mais au lieu de cela, nous allons commuter votre peine et vous exiler. ».

Il y a en effet 99 pour cent de chance que ce scénario se produise.

J'ai partiellement inclus un épisode similaire dans mon roman, *Le Stigmate inconnu 1 : le Mystère*.

Il décrit une sainte, Sœur Agnès, qui apparaît dans ce monde moderne et accomplit des miracles tout comme l'avait fait Jésus. Ne souhaitant pas reconnaître ses pouvoirs, l'Église chrétienne tente de prouver qu'elle tient ses pouvoirs du démon. Agnès fuit l'Église par peur des persécutions. J'ai reconnu la valeur de cette prophétie figurant dans un roman du siècle dernier en la faisant figurer dans mon livre.

d) Tolstoï, échappant à la persécution en dépeignant un Jésus démystifié

À la même époque environ où Dostoïevski écrivait *Les Frères Karamasov*, il existait un autre écrivain célèbre nommé Tolstoï.

Tolstoï a écrit un petit livre de méditation sur les évangiles (NdT : Le livre est paru en France sous des traductions variées telles que *L'évangile expliqué aux enfants*, *Qu'est-ce que l'évangile ?* ou encore *Abrégé de l'évangile*). Dans ce livre, il n'inclut aucune description des phénomènes mystiques et dépeint Jésus comme une simple personne morale. Tolstoï pensait certainement que ses contemporains trouveraient ses propos plus faciles à accepter, vu leur niveau de conscience. C'est pourquoi il a écrit sur le Christianisme sous cet angle, pour enseigner la morale.

C'est une œuvre plutôt décevante comparée à la Bible originale. Mais pour que sa littérature soit reconnue et qu'il puisse subvenir à ses besoins sous le régime de l'époque, son auteur n'eut probablement d'autre choix que d'omettre les descriptions des miracles et autres phénomènes mystiques du même ordre. Il s'est probablement rendu compte que son travail serait accepté sans lui valoir de persécutions s'il écrivait sur le Christianisme en tant qu'enseignements moraux.

Quoi qu'il en soit, certains ont apparemment protesté ou se sont opposés à ce qu'il a fait.

Selon certaines sources, Umeko Tsuda, qui a étudié aux États-Unis durant l'ère Meiji au XIXème siècle et est retournée au Japon après avoir étudié le Christianisme, méprisait souverainement Tolstoï.

En lisant son évangile et se rendant compte que tous les phénomènes miraculeux avaient été gommés, elle a sans doute pensé : « Quel lâche ! ». Je ne m'étendrai pas plus car je n'en connais pas les détails, mais peut-être ce genre de raisonnement existe-t-il.

e) Le Confucianisme, utilisé comme un enseignement
sans Dieu ni âme pour gouverner le pays

Prenons maintenant l'exemple de Confucius ou Kong Zi. Il enseigna la doctrine du Confucianisme, qui continue à influencer la Chine depuis plus de deux mille cinq cents ans, mais bien évidemment, ses enseignements sur la manière de parvenir au succès dans la vie ont été peu à peu récupérés par le régime politique. Un jour, Confucius a dit : « Je ne parlerai pas de choses telles que les pouvoirs surnaturels ou les dieux mystérieux. ». Le régime a pris ces mots au pied de la lettre en les amplifiant de manière disproportionnée afin de promouvoir l'athéisme.

À un autre moment, Confucius fut interrogé sur la vie dans l'Au-delà. Il y a une partie dans les *Entretiens de Confucius* (traduits également sous le titre *Les Analectes*) où il dit quelque chose comme : « Comment puis-je parler de ce qui se passe après la mort alors que je n'ai pas encore pleinement compris l'existence humaine et ce que vivre signifie ? ». Les dirigeants de cette époque ont juste isolé certaines phrases afin de justifier leur promotion d'idées niant l'existence de Dieu et de l'âme.

En outre, les dirigeants ont adroitement utilisé les idées politiques de Confucius pour obliger ceux qui se trouvaient dans des positions inférieures à faire preuve d'un respect extrême envers leurs dirigeants de manière à faire primer la loyauté. Ils ont tiré parti de ces idées et les ont instrumentalisées pour gouverner le pays. C'est pour cette raison que l'examen impérial était fondé sur les *Quatre Livres* et les *Cinq Classiques*, basés notamment sur les enseignements de Confucius. C'est la même pratique que celle de la Chine actuelle : exclure quiconque du gouvernement qui n'est pas « patriote ».

Durant plus d'un millénaire, le système d'examen impérial, qui pourrait être considéré comme l'équivalent de l'examen du barreau ou de concours pour la fonction publique, se maintint. De plus, il fallait obtenir un résultat quasi parfait pour être reçu à cet examen qui vous testait sur une idéologie favorisant les autorités dirigeantes. Mais le fait même d'obtenir une note élevée à cette épreuve, ce qui vous valait l'étiquette de prodige, ne signifiait pas qu'on ait mené une existence conforme à la Vérité. En fait, les pouvoirs en place recrutent simplement ceux qui sont utiles à leurs intérêts.

Même si des idées religieuses sont enseignées, dans de nombreux cas les autorités ont seulement recours aux parties ménageant leurs intérêts en laissant de côté les parties susceptibles d'entraîner des problèmes d'insubordination. Même si religion et politique partagent certaines valeurs communes, elles se contredisent aussi l'une l'autre. C'est un sujet très difficile.

*f) Des enseignements chrétiens et bouddhistes
concernant la richesse déformés dernièrement*

La religion et l'économie partagent également des principes communs mais recèlent des aspects contradictoires.

La raison pour laquelle le Protestantisme a connu une certaine popularité comparée au Catholicisme est que son essor a coïncidé avec celui du capitalisme. Les Protestants enseignaient que réussir dans les affaires, amasser de grands profits et atteindre la prospérité dans ce monde concourait à la réalisation de la gloire de Dieu sur terre.

Ils souscrivaient également à la notion de prédestination, selon laquelle le salut d'une personne est prédestiné : ainsi, une personne travaillant diligemment et devenant très riche dans ce monde était pour eux « bénie par Dieu » et c'était là la raison de sa prospérité.

Les Catholiques, quant à eux, présentaient une sorte d'« allergie » à l'argent et n'étaient pas si désireux d'en gagner. On se souvient de cette métaphore dans la Bible (Matthieu 19:24) : « Il est plus facile à un chameau de passer par le chas d'une aiguille qu'à un riche d'entrer dans le royaume des Cieux. ». Une fois sortis de leur contexte, ces mots peuvent être transformés en une logique conduisant au communisme.

Nombreux enseignements furent délivrés en réponse

aux circonstances propres à une époque donnée, et collant spécifiquement aux situations d'alors. En outre, chaque enseignement s'adressait à une personne ou à un groupe de gens en particulier. Donc, même si l'enseignement ci-dessus s'applique certainement aux nantis regorgeant d'avidité, il ne vise pas forcément les autres. Il faut aussi le relier à la position de Jésus à l'époque. S'il avait été le dirigeant d'un groupe nombreux déjà bien établi, il aurait pu enseigner différemment. Or, souvenons-nous qu'il a donné ses enseignements du temps où le Christianisme était encore une nouvelle religion qui venait juste d'émerger. Par exemple, lorsqu'un homme très riche qui n'avait jamais commis de mauvaise action vint à Jésus, ce dernier lui déclara : « Va, vends ce que tu possèdes et distribue-le aux pauvres. » (Matthieu 19:21, Marc 10:17-27). En entendant ces mots, l'homme s'éloigna tristement, sentant qu'il n'arriverait pas à répondre aux exigences d'un telle religion.

C'est ainsi que Jésus donnait des enseignements personnalisés, taillés pour chacun. Je suis sûr qu'il instruisait chaque personne différemment, avec des notions différentes. Cet enseignement précis n'était pas destiné à tous dans la globalité.

Même si à l'époque, la Judée était pratiquement déjà une colonie romaine, les *rabbis*, c'est-à-dire les enseignants juifs, et d'autres juifs très riches bénéficiaient d'un statut social élevé. À cause de cela, protéger les autorités préexistantes était important pour eux à l'époque. C'est pourquoi ces classes résistèrent à toute idée susceptible de renverser leur pouvoir. Les disciples des générations plus tardives ne peuvent pas saisir ce contexte historique qui leur est étranger.

Il existe un exemple similaire au sein du Bouddhisme.

Un jour, le Bouddha Shakyamuni et son disciple cheminaient le long d'un sentier montagneux, et ils virent une pièce d'or à terre. Le Bouddha dit alors : « Sois vigilant. Un serpent venimeux attend la mâchoire ouverte. ». Il dit cela en avertissement parce que les moines pouvaient négliger leur discipline et devenir corrompus s'ils se mettaient à ramasser des pièces sur le sol.

Cet enseignement perdure, mais en retirant ces mots de leur contexte, il signifierait simplement : « L'argent est sale. ».

C'est pourquoi, dans le Bouddhisme Hinayana, les moines ne sont pas censés recevoir de l'argent directement avec leurs mains nues. Certains groupes enseignent aux moines qu'en recevant des offrandes, ils doivent étaler sur le sol un linge, genre mouchoir ou châle, pour que les gens y déposent l'argent avant de l'envelopper, puisqu'ils croient que toucher l'argent les souillerait. Cependant, en vérité, ils sont tombés dans le piège d'un formalisme excessif en appliquant trop le précepte au pied de la lettre.

g) Le danger de pousser la question du « Bien et du Mal » à l'extrême

Ces idées de bien et de mal débouchent sur la notion de mise en péril de la collectivité. Par exemple, si on conduit une voiture, on peut avoir un accident et tuer un autre ou soi-même. C'est un scénario qui peut très bien se produire. Mais pour autant, il serait erroné d'aller jusqu'à affirmer : « C'est pour cette raison que les gens ne devraient jamais conduire. ».

Au Japon, il y eut un temps où une dizaine de milliers de personnes, au bas mot, mouraient chaque année d'accidents de la route. Le chiffre a maintenant diminué à quelques milliers. Nous nous sommes habitués à ce nombre, alors il ne nous pose pas problème, mais qu'en serait-il si quelqu'un remettait soudain le sujet sur le tapis en disant : « Des milliers de personnes meurent parce que des voitures sont en vente. Devrait-on être autorisé à gagner de l'argent ainsi ? ». Une telle déclaration reviendrait quasiment à affirmer que les entreprises automobiles vendent des armes mortelles.

Même lors de la propagation de virus, le nombre annuel de décès au Japon était de quelques milliers, dépassant par moment les dix mille. La population peut être contaminée mais n'en meurt pas si aisément. Par contre, selon l'hypothèse que plus de dix mille personnes meurent à coup sûr d'accidents de la route chaque année, combien de personnes sont-elles mortes depuis l'arrivée des voitures sur le marché ? La réponse s'élève à un nombre substantiel, peut-être supérieur à un million.

En définitive, tout est question de raisonnement.

On peut estimer qu'une automobile constitue une arme de destruction ou un véhicule mortel, mais cet aspect ne peut l'emporter sur son côté pratique. On n'aurait pas besoin de voiture si les trains se déplaçaient partout, mais certains endroits en sont dépourvus. On ne peut voyager partout en bateau et même en avion : parfois les aéroports sont trop éloignés. Alors, en dépit du risque d'accident, il est bien commode d'avoir une voiture. Voilà pourquoi il n'y a pratiquement pas de mouvement d'opinion pour s'en débarrasser même si on peut décéder d'accidents liés à ces véhicules : on dépend juste de l'assurance pour se prémunir contre ces risques.

Pour réduire les accidents de la route, des améliorations notables ont été apportées, allant par exemple des techniques de conduite à la sécurité routière ; un simple miroir positionné sur un virage peut empêcher une collision; allumer ses phares la nuit peut empêcher un accident, tout comme de simples règles fixant de quel côté on roule ; quelque chose d'aussi évident que de suivre correctement les règles à une intersection peut réduire les accidents. Voilà le genre d'efforts qui sont faits.

Comme on peut le voir, il y a des aspects difficiles concernant la question du bien et du mal.

4. La raison pour laquelle personne ne peut enseigner au sujet du Ciel et de l'Enfer

*La connaissance que nos contemporains devraient avoir :
les âmes et l'idée de réincarnation*

Si on appliquait littéralement les enseignements du Bouddhisme au monde d'aujourd'hui, alors par exemple prendre la vie de n'importe quelle créature vivante serait considéré comme erroné.

Du vivant du Bouddha Shakyamuni, les chasseurs qui capturaient des oiseaux et des animaux dans les montagnes et les pêcheurs qui attrapaient des poissons dans les rivières et les mers étaient considérés comme relevant de métiers impurs. Pour cette raison, ils n'étaient pas autorisés à devenir des disciples renonçants ou même parfois des croyants laïques. C'était dommage pour eux mais cela montre que le Bouddhisme a démarré en faisant preuve d'une attitude extrêmement puriste.

La coutume perdure à ce jour. À dire vrai, elle n'a peut-être pas commencé avec le Bouddhisme : elle a très certainement été héritée du Brahmanisme, qui a précédé le Bouddhisme en Inde.

En Occident, on croit que seuls les êtres humains ont des âmes, alors on n'a aucun remords à tuer les animaux et à les manger. Que ce soit des cochons, des vaches ou des volailles, on ne pense pas que les animaux possèdent une âme, alors on n'éprouve aucun scrupule à les tuer pour se nourrir de leur chair. En Orient, par contre, règne la croyance que les animaux, eux aussi, ont des âmes. Certaines personnes prennent cette croyance très au sérieux.

Au Japon, le bœuf au curry est devenu un plat national apprécié des adultes comme des enfants. Mais si un Indien est invité au Japon et en mange sans savoir ce qu'il contient, alors le fait d'apprendre que le curry qu'il a mangé contient du bœuf pourrait déclencher une réaction en lui, et il est même susceptible de mourir suite au choc.

En Inde, les vaches sont considérées comme les messagères de Dieu, alors on ne les tue pas.

Même les voitures vont les éviter si elles sont assises au milieu de la route. C'est pourquoi les vaches en Inde ont des expressions paisibles et célestes. Elles ont aussi des yeux doux. Si elles savaient qu'elles allaient être mangées, leur tristesse se montrerait sur leur visage, mais parce qu'elles savent qu'elles ne vont jamais être mangées, leur expression est douce.

Cependant, à un certain niveau, c'est l'un des facteurs qui retarde la modernisation. Si les automobilistes s'arrêtent à cause des vaches assises au beau milieu des routes, ce comportement s'avère problématique aux heures de pointe.

Lorsque vous allez en Inde et mangez du curry, la viande qu'on vous sert se limite souvent au poulet tandoori. Manger du poulet semble acceptable mais pas une autre sorte de viande. Donc, mis à part ce plat de volaille, on ne peut avoir que du curry aux lentilles ou aux légumes, ce qui pourrait ne pas être du goût des Japonais.

Je présume que ce n'est pas une idée propre au Bouddhisme. Elle existait avant, et est sous-tendue par l'idée de réincarnation.

La notion de réincarnation affirme à l'origine : « Ceux qui ont mené une existence indigne d'êtres humains ou ont vécu comme des bêtes ou des animaux vont renaître en tant qu'animaux dans leur prochaine vie. ». Une telle idée s'est infiltrée dans le Bouddhisme, qui ne la nie pas.

En Inde, on peut voir de gros poissons semblables à des carpes noires nager dans la rivière. Si on s'interrogeait sur la raison pour laquelle on ne les pêche pas pour les manger en cas de pénurie alimentaire, les Indiens diraient : « Ce sont peut-être mon grand-père ou ma grand-mère, alors je ne peux pas. ». C'est aussi un aspect difficile.

Même ainsi, la croyance occidentale selon laquelle « les animaux n'ont pas d'âme » est en vérité erronée. Les moutons ont des âmes ; idem pour les vaches. Par conséquent, cette croyance est clairement fausse. Les occidentaux pensent de cette manière parce que Jésus n'a pas enseigné ce point.

Si on se penche sur la philosophie de Platon, qu'il a rédigée en tant qu'idées de Socrate, qui précède de quelques siècles la venue de Jésus, on peut trouver des descriptions de la manière dont les humains se réincarnent parfois en animaux dans certains de ses écrits philosophiques.

Par exemple, quelqu'un qui aura vécu courageusement dans ce monde se réincarnera en lion ou bien une personne qui voudra prouver son innocence se réincarnera sous forme d'un cygne. Ces descriptions existent, ce qui montre que certains peuples de l'antiquité partageaient des idées similaires en ce qui concerne la réincarnation.

Même si cette idée était présente dans la philosophie, Jésus ne pouvait pas la prêcher durant ses trois années d'évangélisation.

Dans la région où vivait Jésus, il existait la coutume d'écrire des mots avec du sang. Peut-être cela servait-il de sceau ou de timbre. On prélevait du sang de mouton pour écrire des mots et on tuait des moutons ou des chèvres pour les consommer durant des fêtes ou pour accueillir quelqu'un. Je ne suis pas sûr de la différence exacte entre les moutons et les chèvres. Apparemment, les moutons vivent dans les plaines, tandis que les chèvres, elles, vivent dans les montagnes, alors elles diffèrent quelque peu. Quoi qu'il en soit, on les tuait pour les manger.

Cette pratique n'était pas considérée comme un péché, bien qu'évidemment les voler était considéré comme une violation des droits de propriété et, en conséquence, un péché. Ce genre de coutume traditionnelle a rendu la vérité plus floue.

En me fondant sur les recherches spirituelles effectuées maintenant, au XXIème siècle, si on me demandait directement : « Est-ce qu'on se réincarne parfois en animaux ? » ou « Les animaux s'incarnent-ils parfois en tant qu'humains ? », je serais obligé de répondre par l'affirmative.

Néanmoins, ce pourcentage n'est pas très élevé : cela n'arrive pas à n'importe qui. C'est une option qui se présente lorsqu'on la considère comme le meilleur choix pour une personne. Donc, je dois admettre que ceci se produit, en réalité.

Je veux que vous connaissiez ce fait concernant la réincarnation, même si nombreux sont ceux de nos jours qui la considèrent comme une hypothèse relevant du folklore.

Les avancées dans les sciences naturelles mènent aux études matérialistes et athéistes du Bouddhiste et de la philosophie

Certains universitaires bouddhistes, y compris de grands érudits de l'après-guerre, croient que l'idée que les êtres humains se réincarnent en animaux ne relève que du folklore ancien et désuet ou que c'est une parabole destinée à effrayer les gens et à leur inculquer la moralité. Peut-être est-ce en partie dû aussi au fait que les universitaires bouddhistes d'avant la seconde-guerre mondiale, à partir de l'ère Meiji, adoptèrent la philosophie occidentale.

Pire : au lieu de s'arrêter là, ils poussèrent la logique encore davantage. Certains allèrent jusqu'à affirmer que les êtres humains sont dépourvus d'âme ou que le Bouddhisme enseigne l'absence d'âme et propose une théorie athéiste niant son existence. C'est ainsi qu'ils crurent œuvrer à la modernisation du Bouddhisme.

Néanmoins, j'aimerais bien leur dire : « Attendez une seconde ! ». Je pense que ces universitaires font ce genre de déclarations en se bornant à isoler une partie des enseignements, mais si leur analyse était exacte, le Bouddhisme serait extrêmement similaire à ce que Marx a théorisé sous forme de communisme, selon lequel il n'existe ni Dieu ni âmes, et que donc, la seule chose qui importe est le bonheur dans ce monde. Tout le monde devrait être traité pareil et également afin de parvenir à ce bonheur, même si cela implique de distribuer les revenus que les gens ont gagné par leur travail. Voilà, selon lui, la recette du bonheur.

Les philosophes ont tendance à raisonner de la manière suivante. Ils croient qu'une fois qu'on a la foi, on est prêt à croire pratiquement à n'importe quoi, un peu comme dans le dicton japonais : « Un être humain peut même croire en une tête de sardine. » (si on a la foi, même les choses les plus banales apparaîtront sacrées). Ils sont persuadés que la foi va empêcher les gens de penser d'une manière philosophique. La science a adopté une position de doute radicale : il faut douter de tout et la vérité réside seulement dans ce qu'on ne peut mettre en doute. Si le même genre de position est adoptée dans l'étude de la philosophie, certains professeurs peuvent tout aussi bien vous dire d'abandonner votre foi.

Ce cas de figure a de fait été montré dans le film américain intitulé *Dieu n'est pas mort*. C'est devenu un succès. Je me rappelle que le film est inspiré d'une histoire vraie : un étudiant croyant a gagné un débat contre son professeur.

Dans le film, un professeur de philosophie dit à ses

étudiants de signer une déclaration niant l'existence de Dieu : c'était le pré-requis obligatoire pour assister à son cours. Mais un étudiant refuse en disant : « Je suis chrétien, alors je ne peux pas. ». Le professeur avertit l'étudiant que, dans ses conditions, il ne pourra pas valider son UV avec un « A », ce qui le handicapera par la suite dans ses recherches d'emploi ou pour passer d'autres diplômes. Et donc même sa petite amie, avec laquelle il avait une relation stable, le quitte. Elle lui dit de signer la déclaration mais comme il refuse, elle rompt, pensant probablement ne pas pouvoir épouser un tel « idiot ». Elle dit quelque chose du genre : « Signe juste ce papier. Tu ne peux te permettre de rater cet UV si tu veux réussir tes études. ». Pourtant, il hésite parce que, en tant que chrétien, une telle déclaration va à l'encontre de sa foi. Puis, il gagne de plus en plus de soutien jusqu'à ce que le professeur quitte finalement la classe, vaincu.

Peut-être le film a-t-il eu un tel succès parce qu'il traitait d'un cas rare. Néanmoins, c'est une question difficile. Je suppose que la même chose se produit à l'heure actuelle très probablement dans le domaine de la philosophie, y compris au Japon.

Les sciences naturelles ont progressé et se développent en se fondant sur le matérialisme, ce qui peut donner l'apparence que les études religieuses, les études bouddhistes et la philosophie sont plutôt obsolètes et issues de superstitions. Voilà pourquoi ceux qui se spécialisent dans ces domaines s'efforcent aussi de tendre vers le matérialisme.

Vu la situation actuelle, nous avons à présent atteint

le point où personne ne peut en effet enseigner au sujet du Ciel et de l'Enfer.

Même parmi les enseignements du Bouddha Shakyuamuni, on peut mal interpréter certaines parties comme relevant de l'athéisme et du bouddhisme.

Par exemple, un universitaire bouddhiste du nom d'Hajimé Nakamura a publié *Kamigami to no taiwa* (Traduction japonaise de *Samyutta Nikaya* -1ère partie-, ou Dialogues de Bouddha avec les dieux) et *Akuma to no taiwa* (Traduction japonaise de *Samyutta Nikaya* -2ème partie-, ou Dialogues du Bouddha avec le diable) dans l'édition de poche Iwanami.

Les écrits bouddhiques originels ne niaient aucunement les dieux. Ces deux ouvrages décrivent comment les anciens dieux du Brahmanisme ont été frappés de stupeur par le pouvoir du Bouddha Shakyamuni après lui avoir parlé. Ils étaient si émus qu'ils ont tourné plusieurs fois autour de lui dans le sens des aiguilles d'une montre pour exprimer leur vénération. Les écrits ne nient pas les dieux : ils narrent plutôt la manière dont l'autorité de Bouddha fut établie après avoir débattu avec les dieux qui étaient l'équivalent des dieux ethniques dans le Japon ancien.

Cependant, cette histoire peut faire l'objet d'erreurs d'interprétation en étant prise comme niant le pouvoir absolu des dieux, si bien que certaines personnes s'attachent à ce point pour démontrer que « le Bouddhisme est un athéisme ».

5. Ce qui sépare le Ciel de l'Enfer selon Bouddha

La vraie signification de l'enseignement :
« Une pierre coule dans l'eau mais l'huile flotte »

Il existe un soutra bouddhiste appelé Sutta Nipata, censé être une transcription relativement fidèle des paroles de Bouddha, qui se trouve compilé dans le Sutra Agama. Il relate l'histoire des confrontations entre le Bouddha et les religions préexistentes.

À cette époque, le Brahmanisme, qui a finalement pris le nom d'Hindouisme après la création du Bouddhisme, avait déjà incorporé des rituels de cérémonie du feu venus du Zoroastrisme plus occidental. Cette pratique de feu se retrouve maintenant dans certaines écoles du Bouddhisme ; certains groupes issus du Bouddhisme ésotérique font un bûcher en empilant du bois en forme de grille de morpion. Alors peut-être ne devrais-je pas critiquer trop cette pratique.

Le feu, de par son effet purifiant, peut symboliser la purification des péchés du monde. Même avant le Bouddha, il y avait une doctrine religieuse stipulant : « Si vous faites un bûcher en priant pour le bien-être de vos ancêtres, vos péchés seront pardonnés. ».

Pour contrer cette idée, le Bouddha mit en avant un nouvel enseignement précurseur, bien sûr, sans remettre en cause l'intégralité de la cérémonie du feu : « Que vous alliez au Ciel ou en Enfer dépend de votre esprit et de vos actions. Votre destination finale dépend de vos pensées et de vos actions. ».

Action signifie karma. Ce que vous avez pensé et fait dans ce monde formera votre karma, et c'est ce karma qui déterminera votre prochaine vie : voilà l'enseignement fondamental du Bouddhisme.

Ce sont donc vos pensées et actions qui décident si vous allez au Ciel ou en Enfer. Telle est la signification de cette parabole issue du Soutra Agama : « Voici un étang. Et si vous y jetiez une pierre ? La densité relative d'une pierre est plus forte que celle de l'eau, alors elle va naturellement couler au fond. Maintenant, la pierre flottera-t-elle si les Brahmins prient pour elle ? Non, elle restera au fond. ».

Cette parabole traite du karma des gens ou, dans ce cas précis, de leurs péchés. Elle enseigne qu'on ne peut être sauvé si on chute en Enfer à cause de lourds péchés. Il en va ainsi de notre propre responsabilité.

La parabole continue alors : « Au contraire, si vous jetez le contenu d'un récipient plein d'huile dans l'étang et que vous priez vos ancêtres pour que l'huile coule au fond, coulera-t-elle pour autant ? Non, en aucun cas. L'huile va sûrement flotter à la surface. ». Ceci signifie que l'huile possède une densité relative plus faible que l'eau.

Pour résumer, la parabole enseigne que ceux dont les péchés sont légers vont naturellement flotter au-dessus de l'eau, ce qui signifie qu'ils iront au Ciel, alors que ceux dont les péchés sont lourds, comme une pierre, vont naturellement sombrer. En d'autres termes, on ne sera pas sauvé en se contentant de faire un feu ou en priant ses ancêtres.

Cet enseignement n'est pas une panacée mais, d'un sens, il couvre un point essentiel. En effet, presque tous les nouveaux groupes religieux actuels qui s'égarent font fausse route précisément sur ce point.

Les erreurs des messes et psalmodies pour le repos des ancêtres, du point de vue des enseignements du Bouddha

a) Problèmes dans les groupes religieux qui se concentrent exclusivement sur les messes aux ancêtres, en évacuant toute discipline spirituelle

Je ne vais pas mentionner son nom mais un écrivain japonais célèbre, qui faisait aussi de la politique, croyait en une certaine religion. Apparemment il avait reçu plus d'un million de votes de ceux qui étaient affiliés à ce groupe. Ce groupe se concentrait surtout sur les messes pour les ancêtres. (Je ne sais pas si les gens sont conscients que ce groupe, Reiyukai, est une religion sectaire.)

Je ne considère pas qu'une messe en l'honneur des ancêtres soit une mauvaise chose en soi. Mais cette religion se borne à imputer ses malheurs à nos ancêtres avec des formules de ce type : « De nombreuses épreuves s'abattent sur vous et votre entreprise périclite parce que vos ancêtres errent toujours. ». Ils affirment que les ancêtres sont la raison pour laquelle les membres de notre famille ne s'entendent pas entre eux ou sont morts de maladie ou d'accidents. Ils renvoient ainsi tous les torts sur les ancêtres en concluant que la seule chose à faire est de commander des messes aux ancêtres, sans besoin de pratiquer une discipline spirituelle.

Je ne suis pas en train de dire que les messes aux ancêtres sont mauvaises, mais si vous pensez être sauvé par ce seul moyen, alors vous avez tort. C'est parce que, dans ce raisonnement, vous n'êtes pas tenu du tout pour responsable de vos pensées et de vos actes. Ce groupe n'en continue pas moins à affirmer : « Faites dire davantage de messes pour vos ancêtres. ».

b) Des enseignements trompeurs de l'École du Bouddhisme Nichiren et de l'école véritable de la Terre Pure

Il existe de nombreux courants issus de l'école du Bouddhisme Nichiren. Je ne veux pas généraliser, parce que certains d'entre eux peuvent avoir une compréhension correcte des enseignements de Bouddha, contrairement à d'autres.

Mais il y a des groupes qui affirment : « Quoi qu'il arrive, que ce soit un conflit, une faillite, un meurtre ou tout autre type de problème, il suffit de psalmodier « *Namu-myoho-renge-kyo* » (南無妙法蓮華経 litt. « consacrer sa vie au merveilleux *Soutra du Lotus* »). Juste chanter ce mantra vous sauvera de tout. ». Cependant, comme il serait trop facile de se contenter de psalmodier, certaines personnes ajoutent : « Il ne suffit pas de chanter ce mantra, il faut le faire un million de fois. ».

Psalmodier *Namu-myoho-renge-kyo* un million de fois nécessite une certaine discipline. Il faut beaucoup d'énergie et d'efforts pour chanter ce mantra un million de fois tout en gardant le compte du nombre déjà effectué. De cette manière, la religion va faire croire aux fidèles que leur pratique va résoudre tous leurs problèmes. Pourtant, je dois souligner que cet enseignement contient certains mensonges.

« *Namu* » dans *Namu-myoho-renge-kyo* signifie « jurer dévotion » et « *hokke-kyo* » ou « *ho-renge-kyo* » signifient le *Soutra du Lotus*. Donc, *Namu-myoho-renge-kyo* signifie : « Je jure dévotion au *Soutra du Lotus*. ».

Le message principal du Soutra du Lotus est l'enseignement de Bouddha, selon lequel : « Ce monde est laid et sale, boueux comme le fond d'un marécage. Mais de cet environnement souillé, le lotus fait émerger sa tige toute droite. Même au milieu d'un étang boueux, la tige du lotus s'élève pour donner une belle fleur blanche vraiment céleste, au-dessus de la surface de l'eau. Il laisse s'épanouir une fleur innocente. ».

Ainsi, *Namu-myoho-renge-kyo* résume l'enseignement suivant : « Même si vous vivez dans ce monde sale et corrompu, gardez votre cœur pur et laissez votre fleur de lotus s'épanouir magnifiquement. ».

Voilà la signification de ce mantra, et on ne s'égare pas en répétant « *Namu-myoho-renge-kyo* » tant qu'on garde cette compréhension.

Ce monde est comme un étang boueux,
Un marécage ou un marais.
Nous nous trouvons dans ce genre de monde corrompu.
Sachez-le. Voyez-le.
Regardez, nous sommes dans un monde de souffrance.
Regardez, nous sommes dans un monde de tristesse.
Mais même au sein d'un tel monde,
Nous pouvons faire fleurir un lotus.
Voilà la pratique du Bouddhisme.
Veuillez toujours conserver ceci à l'esprit
Durant votre existence.
C'est ce que signifie
Jurer dévotion aux Enseignements Justes.

Une fois ceci intégré, vous saurez comment vivre. Ce monde est plein de tentations qui vous mènent à des maux variés ou vous rendent corrompus. Cependant, ne vous laissez pas absorber. Laissez fleurir une fleur blanche et pure. Laissez s'épanouir une magnifique fleur de lotus. Tel est l'objectif de votre vie. En un sens, ce mantra *Namu-myoho-renge-kyo* résume bien l'essence du Bouddhisme. Si vous avez atteint ce niveau de compréhension, alors il n'y a pas de problème à le chanter.

D'autres groupes, qui appartiennent à l'École véritable de la Terre Pure, chantent « *Namu-Amida-Butsu* » (南 無 阿 弥 陀 仏) à la place de *Namu-myoho-renge-kyo*. Comme je l'ai dit, « *Namo (namu)* » signifie « jurer dévotion ». Ce mantra signifie donc : « Je jure dévotion au Bouddha Amitabha. »

Le Bouddha Amitabha est le Bouddha qui sauve :

l'aspect qui représente le salut et la compassion du Bouddha Shakyamuni.

En étant embrassé par Amitabha, on devient un avec Lui en abandonnant tout de nous. On se consacre soi-même et son existence à Amitabha tout en devenant un avec Sa Volonté.

La signification originale du *Nen'butsu* n'est pas juste de réciter à haute voix « *Namo Amitabha Bouddha* » : c'est de contempler (*nen*) Bouddha (*butsu*). En d'autres termes, cela signifie se représenter Bouddha dans notre esprit et le contempler.

Cependant, parce qu'il s'agit d'une pratique difficile, de nombreux groupes religieux ont un *gohonzon* (un objet sacré qui représente l'objet de la foi) représentant Bouddha, souvent une statue ou un tableau de Bouddha ou autre. On reçoit ce *gohonzon* en tant que substitut et on prie pour s'unir à Bouddha en ajustant la vibration de son esprit à celle du *gohonzon*.

Vous priez dans votre cœur : « Je suis une personne qui ai fait de nombreux péchés mais je confie tout à Bouddha. Je vais tout remettre à Ta Volonté. » et vous vous unissez à Bouddha. En méditation, vous visualisez Bouddha, souhaitant devenir un avec lui. Par là, vous espérez une mort paisible et une renaissance sur la terre de la Sérénité Parfaite.

L'idée en elle-même n'a rien d'erroné. Cependant elle le deviendra si on l'utilise à mauvais escient en lui donnant une importance hypertrophiée, comme par exemple : « Quel que soit le crime qu'on commette, on sera sauvé par la seule pratique du mantra *Namo Ami-*

tabha Buddha. » ou « Tu seras sauvé rien qu'en répétant *"Namo Amitabha Buddha"* dans ta tête. »

Imaginez qu'un homme portant un masque de clown armé d'une mitraillette, comme le Joker, l'adversaire juré de Batman, commette de nombreux crimes, tout comme braquer des banques, tuer de nombreuses personnes ou mettre feu au tas d'argent qu'il a dérobé. Imaginez qu'on pense : « Il n'y a pas de problème parce qu'il peut être sauvé en chantant le mantra *Namo Amitabha Bouddha.* ». Il est évident que ce raisonnement est erroné. Si *Namo Amitabha Bouddha* est mal utilisé dans une optique poussant au crime, cet enseignement religieux ne se justifie pas, en effet.

Le salut peut parfois « s'invalider », comme le montre l'histoire Le fil de l'araignée

Lorsqu'une personne qui a commis de nombreux péchés parvient à remettre son esprit à zéro en changeant totalement d'attitude, alors il s'agit d'un moment de *Eshin*, ou « conversion ».

On dirige instantanément son esprit vers Bouddha et on aspire à être une personne qui puisse être embrassée par la grande compassion de Bouddha. On s'efforce de vivre d'une manière juste à partir de ce moment, dans la foi en Bouddha. Chaque jour, on visualise Bouddha dans son esprit. Voilà le sens de *Nen'butsu*.

Il s'agit de penser à Bouddha et de vivre en harmonie avec la Volonté de Bouddha. C'est ne pas vivre d'une manière qui vous ferait vous sentir honteux si Bouddha vous voyait.

Quand on fait l'expérience d'une conversion, qu'on opère un changement d'esprit instantané pour entrer dans la voie juste, une main salvatrice parviendra jusqu'à vous. Ceci devrait se produire : ce n'est pas erroné.

Mais, bien sûr, il y a des exceptions. Par exemple, il existe une nouvelle, *Le fil de l'araignée* de Ryunosuke Akutagawa, qui dépeint superbement cet élément de la Vérité.

Dans l'histoire, le Bouddha Shakyamuni, bien qu'en réalité on parle plutôt ici du Bouddha Amitabha, se promène autour de l'étang aux lotus, au Ciel. Il regarde dans l'étang et voit tout jusqu'au fond. C'est une métaphore qui explique d'une manière accessible qu'un Grand Tathagata peut distinguer ce qui se passe dans les mondes plus bas en utilisant sa clairvoyance.

Bouddha plonge son regard dans l'étang et voit l'Enfer. Dans l'Enfer de la luxure, connu aussi sous le terme d'Enfer de l'Étang de Sang, il voit un homme nommé Kandata en train de se débattre désespérément dans une mer de sang et de souffrance, au milieu de nombreux autres Esprits égarés également en proie à la souffrance.

Aux yeux de Bouddha, qui est, en un sens, omniscient et omnipotent, le genre de personne que vous êtes est évident : d'un seul coup d'œil, il peut voir spirituellement à travers toutes vos vies, jusqu'à vos vies antérieures.

En dépit de la noirceur de la personnalité de Kandata et des nombreux méfaits qu'il avait commis, Bouddha vit qu'il avait commis une bonne action durant son existence : le jour où, en marchant dans la rue, Kandata aperçut une araignée et, ressentant de la pitié pour elle, la laissa s'échapper au lieu de l'écraser.

Bouddha pensa : « Kandata fit une bonne action. C'était un malfrat de la pire espèce mais une fois il a su témoigner de la compassion envers une créature vivante. Il possédait donc en lui cette lueur de pitié. Il recevra le salut uniquement grâce à ce point. ». Alors Bouddha fit descendre un fil d'araignée depuis l'étang aux lotus au Ciel pour sauver Kandata de l'Enfer de l'Étang de Sang.

Un fil d'araignée constitue une description parfaite. Cette expression très judicieuse reflète bien le style d'Akutagawa. C'est de fait un morceau fin et fragile de fil qui semble sur le point de casser à tout moment, abaissé lentement jusqu'à ce qu'il pende en face de Kandata, qui se noie en Enfer. « Oh, un fil d'araignée est descendu. » remarque Kandata, qui s'en empare. Il pense que le fil va casser, mais parce qu'il est aussi costaud qu'une ligne pour pêcher, Kandata se met à grimper.

Peu à peu, il réussit à s'élever. Son ascension devient alors de plus en plus frénétique, son plan étant de s'échapper jusqu'au Ciel en se hissant davantage. Mais quand il jette un œil en bas, il voit une cohorte d'autres Esprits en train de s'élever à sa suite, en dessous de lui.

Malheureusement, Kandata manque de foi. Il pense qu'un seul fil d'araignée peut uniquement le sauver, lui. Spiderman sauve ses amis et sa petite amie avec son fil, alors le fil de Spiderman peut en effet sauver une personne. Mais Kandata peut à peine croire qu'un tel fil, si ténu et peu fiable, puisse repêcher tant d'Esprits. Il pense : « S'il se rompt, c'en sera fini de moi. Ce fil d'araignée est à moi. ».

Kandata a peut-être raison. Mais au moment où il s'écrie : « Hé les gars, retirez vos pattes ! Ou ça va casser ! », le fil de l'araignée se rompt d'un coup sec juste au-dessus de sa main, le précipitant à nouveau avec tous les autres à sa suite en plein Enfer de l'Étang de Sang.

Alors, comme si rien n'était arrivé, le Bouddha retourne à sa promenade autour de l'étang aux lotus, et bientôt c'est l'heure de midi.

En tant qu'écrivain, Akutagawa avait un talent incroyable pour être capable de résumer cette Vérité dans une simple nouvelle. Je présume qu'Akutagawa était capable, à un certain degré, de saisir le cœur du Bouddha Shakyamuni.

Ainsi, des moments de foi épars et la volonté de cheminer sur la voie juste ne suffisent pas. Si vous désirez fortement ne sauver que vous-même en pensant : « Je me moque de ce qui arrivera aux autres. Tant que je suis sauvé, ça me va. », alors le secours offert par la main salvatrice certainement « s'invalidera ».

Imaginez qu'en tirant un présage dans un sanctuaire ou un temple, vous receviez celui annonçant un « grand bienfait ». Alors, vous pourriez penser : « Oh, comme je suis heureux d'avoir tiré "grand bienfait" ! Mais moi seul devrais en profiter, et pas les autres. ». Déterminé à ce que personne d'autre ne tire de présages de « grand bienfait », vous entrez dans le sanctuaire ou le temple, ouvrez toutes les enveloppes à présage et remplacez tous les messages de « grand bienfait » par « bienfait en attente » ou « chance incertaine » afin de réserver, de cette manière, le « grand bienfait » à vous seul.

Imaginez juste une personne capable d'agir de la sorte. N'est-ce pas honteux ? Certains estimeront insupportable le bonheur d'autrui, eux seuls ayant droit au bonheur. Mais ceux qui tiennent ce genre de raisonnement sont si égocentriques qu'ils ne méritent pas qu'on les sauve. Vous serez sans doute d'accord.

Plus vous faites le bien et plus vos péchés s'allègent. Mais si vous devenez trop compétitif et égoïste au point de rabaisser les autres ou de vous en débarrasser afin de pouvoir jouir seul du bonheur, alors votre chance de salut s'invalidera. Votre quête de la Vérité ou la conversion de votre cœur seront sans objet. Soyez en conscient. Ce point est fondamental.

Comme je l'ai dit plus tôt, voici la règle générale : une pierre coule au fond de l'étang, tandis que l'huile reste en suspension à sa surface. En d'autres termes, si vous avez vécu avec de bonnes pensées et de bonnes actions, vous vous dirigerez naturellement vers le Ciel. Cependant si vous avez commis des crimes ou vécu une existence nourrie de nombreuses pensées et actions négatives, vous irez sombrer « tout au fond de l'étang ».

6. Comment vos péchés seront-ils jugés après la mort ?

Toutes vos fautes seront montrées dans l'Au-delà par le Miroir Réfléchisseur de Vie

Une des raisons de l'existence du Ciel et de l'Enfer est d'empêcher les gens de passer au travers des mailles du filet que constituent les règles du Monde Spirituel, même s'ils ont pu réussir à échapper aux lois de ce monde et pensent s'en être bien sortis en bernant tout le monde.

Dans ce monde, certaines personnes commettent des meurtres et sont condamnées à mort, à la détention à perpétuité ou à vingt ans de réclusion, par exemple. Ces personnes, si elles se sont repenties de leurs crimes de leur vivant, verront leurs péchés légèrement réduits. Elles ne seront peut-être pas totalement exemptées d'une autre punition, mais leurs péchés se trouveront un peu atténués.

Il y a ceux, par contre, qui commettent un meurtre dans ce monde sans se faire prendre. Ceux-là estimeront sans doute : « Je m'en suis sorti sans me faire prendre. Quel soulagement ! J'ai réussi à maintenir une position sociale honorable jusqu'à la fin. ». Cependant, Yama*, également appelé *Enma* en japonais, qui est le Juge de l'Enfer, existe bel et bien dans l'autre monde et révélera

---

*Yama : Juge de l'Enfer dans le Bouddhisme et l'Hindouisme. Récemment, Happy Science a révélé l'existence de Yama au sein du Monde Spirituel de plusieurs pays, y compris le Japon.

toutes leurs actions pécheresses.

Depuis les temps anciens, il a existé un **Miroir Réfléchisseur de Vie** qui, de nos jours, prendra plutôt la forme d'un écran de cinéma, de télévision ou d'un DVD. Il déroulera les sujets clef de votre existence, l'un après l'autre. Vous le visionnerez vous-même, sans autre choix que de réfléchir sur votre vie. Alors, en se fondant sur ces « pièces à conviction », on vous interrogera : « Que penses-tu d'une personne comme cela ? ».

Durant la projection, vos parents, amis et autres proches décédés avant vous seront également présents, à l'instar du jury, et eux aussi donneront leurs opinions. Votre vie sera montrée jusqu'à ce que vous puissiez accepter le verdict, en pensant : « Eh bien, il ne me reste plus qu'à aller en Enfer maintenant. ». C'est alors que débutera une « tournée de l'Enfer ». Voilà ce qui vous arrivera.

Alors, même si vous réussissez à passer entre les mailles du filet des lois de ce monde, telles que le droit pénal, vous ne pourrez au final pas vous tirer d'affaire.

Même si vous croyez au Ciel et à l'Enfer, peut-être estimez-vous que seuls les criminels iront en Enfer ; ou alors conviendrait-il de rajouter aussi les contrevenants au code civil, comme les individus qui ont refusé de rembourser leurs nombreuses dettes et ont pris la fuite ? Néanmoins, certaines lois terrestres sont erronées ; il y en a même dont le seul but est de favoriser certains partis politiques pour gagner les élections. Pour cette raison, on ne peut pas dire que toutes les lois sont justes.

On a tendance à considérer que ceux qui respectent

la loi sont de bonnes personnes, tandis que ceux qui l'enfreignent sont mauvais. C'est vrai en général. Mais comment être sûr que les lois en Chine ou en Corée du Nord, par exemple, soient forcément justes ? Dans de tels cas, il existe une certaine latitude de réflexion. Quoi qu'il en soit, les agissements qui n'ont pas été sanctionnés par les lois de ce monde seront jugés dans l'autre monde.

Symboliquement, il y a des êtres connus au Japon comme *Enma-sama* ou Roi Yama, ainsi que des bourreaux (ogres).

Les gens avaient tendance à penser que les ogres rouges et bleus n'apparaissaient que dans les vieilles légendes, mais nos messages spirituels récents venant du « Bourreau rouge » prouvent qu'ils existent en réalité : ce sont bien des entités réelles.

Ils apparaissent très certainement aux pécheurs sous forme d'ogres rouges ou bleus, en semblant par contre totalement différents aux yeux des autres. Les bourreaux pourraient revêtir l'aspect de procureurs, tandis que le Roi Yama ressemblerait à un juge. Dans les endroits tels que l'Enfer, l'apparence du monde diverge en fonction du cœur de la personne. Ce qu'on en voit n'est peut-être pas ce qui existe réellement, mais ce qui est certain, c'est qu'un verdict sera rendu.

La « tournée de l'Enfer » existe également. Il y a une grande variété d'Enfers, correspondant chacun à un péché commis. On en fait le tour un à un.

Actuellement, même au XXIème siècle, je continue à affirmer que c'est véridique. De fait, il n'y a personne qui puisse émettre de telles déclarations de nos jours, alors je dois révéler ces faits moi-même.

Il est important d'avoir la foi, mais évidemment, ce seul aspect ne suffit pas. La foi est importante en ce qu'elle vous aide à vous diriger dans la bonne direction, mais elle ne fournit pas un passeport inconditionnel pour le Ciel.

Or, voici ce que le Christianisme enseigne généralement : « Si vous êtes de foi chrétienne, vous irez au Ciel. Sinon, vous irez en Enfer. ». En entendant cela, les gens commencèrent à s'interroger : « Si c'est le cas, qu'en est-il de ceux d'avant le Christianisme ? Ne seront-ils pas sauvés ? ». Pour résoudre ce problème, le Christianisme a introduit l'idée de « Purgatoire ».

Le Purgatoire est identique à ce que les Japonais considèrent généralement comme « l'Enfer ». Au Japon, on croit que les âmes en Enfer peuvent retourner au Ciel si elles ont profondément réfléchi sur elles-mêmes et expié leurs péchés. Ainsi, la notion de l'Enfer tel qu'il est vu au Japon est, en majorité, équivalente à celle du Purgatoire. Par ailleurs, les Églises chrétiennes font référence au « Purgatoire » comme à un endroit d'où les âmes peuvent regagner le Ciel après s'être repenties, tandis que l'Enfer représente un lieu d'où les âmes ne peuvent jamais remonter.

En fait, ce dernier type d'Enfer existe réellement. Les âmes qui sont devenues des diables sont moins susceptibles de s'élever au Ciel. Ceux qui sont devenus des diables ou qui ont chuté dans l'**Enfer Abyssal** (ou **Enfer Sans Intervalle**), endroit pouvant être assimilé au fond d'un puits extrêmement profond, ne seront pas capables de s'extraire si facilement. Les criminels « idéologiques » responsables de l'égarement de nombreuses personnes ne peuvent sortir. Il existe de tels cas et je souhaiterais que vous en soyez conscients.

Ceux qui croient au matérialisme finissent souvent par devenir des Esprits liés à la terre

Il y aurait encore bien davantage à dire sur les divers aspects de l'Enfer, que je ne peux pas tous détailler ici. Cependant, je souhaiterais encore rajouter un point.

Nombre d'entre vous tiennent probablement ce genre de raisonnement : « Lorsque les gens meurent, ils quittent ce monde et se rendent dans un endroit totalement différent : soit le Ciel soit l'Enfer. ». Mais de nos jours, la suprématie de la pensée matérialiste et scientifique, inculquée par le système éducatif, entraîne un nombre énorme d'individus à ne plus croire à l'Au-delà.

Pour ceux-là, il n'existe ni Enfer ni Ciel. C'est pourquoi, une fois défunts, ils ne savent pas où se rendre.

Parce qu'ils n'ont nul lieu où aller, ce monde tridimensionnel, connu sous le terme de « Monde Phénoménal », est le seul endroit où ils puissent résider. Incapables de reconnaître l'Enfer ou le Ciel, ils continuent à hanter ce monde.

Or ces âmes sont persuadées d'être toujours en vie au sein de ce monde tridimensionnel. Elles pensent :

« Pas moyen que les gens entendent ma voix ! », « Je ne sais pas pourquoi mais je peux traverser les murs. », « C'est bizarre, on dirait que je ne me cogne jamais dans les gens mais que je passe à travers eux… » ou « Je me trouve maintenant dans un monde mystérieux mais je suis probablement malade ou en pleine hallucination. ». Il y a beaucoup d'âmes comme cela, dont le nombre augmente exponentiellement. Nous pouvons dire qu'il s'agit là aussi d'une sorte d'Enfer.

Donc, l'Enfer n'existe pas séparément de ce monde. Les âmes qui ont été jugées comme mauvaises vont en Enfer, mais celles qui n'ont pas pris conscience de leur propre mort et séjournent toujours dans ce monde se trouvent aussi dans une sorte d'Enfer.

Soyez bien conscients de ce point. Il existe en fait de nombreuses âmes comme celles-là, formant, de fait, un énorme contingent.

Certaines d'entre elles deviennent des Esprits liés à la terre qui vont hanter des lieux tels que les hôtels, les écoles ou les passages à niveau des chemins de fer où elles se sont suicidées. D'autres se mettront à posséder la personne qui les aura écrasées lors d'un accident de la route. Ainsi, il existe de nombreux Esprits responsables de nombreux crimes, constituant l'Enfer au sein de ce monde. La manière dont ils vivent est la même que celle en Enfer. Il faut connaître ce fait.

Au cours de ce chapitre introductif, je vous ai offert un aperçu général de l'Enfer. Je pense devoir m'attarder ensuite sur certains aspects concernant ses enseignements spécifiques.

CHAPITRE II

La Loi de l'Enfer

*Le jugement de Yama
qui vous attend après la mort*

1. Le mode de raisonnement de Yama avec lequel nos contemporains devraient se familiariser

En principe, les individus dépourvus de foi chuteront en Enfer

Cette conférence, intitulée *La Loi de l'Enfer*, constitue probablement l'un des chapitres majeurs de ce livre. Il s'agit d'un domaine qui pourrait sembler à première vue démesurément large et complexe ; en fait, pour le présenter différemment, il s'agit de ce que Yama pense.

Je m'apprête donc à dévoiler ici un sujet qui vous aidera réellement : la réalité de la manière dont vous serez jugé après la mort.

En général, le monde de l'Enfer suit le principe de légalité, où la loi indique la sorte de punition infligée en retour de certains actes commis. Ceux qui auront enfreint le cadre juridique seront d'habitude considérés comme criminels. Cependant, en raison de leur manque de foi et de moralité mais également de connaissances religieuses de la Vérité, il y a fort à parier que très peu de nos contemporains se montrent désireux de prêter attention au genre de recommandations suivantes : « Si on fait cela, on ira en Enfer. ».

Pour la majorité de la population actuelle, l'Enfer se limitera sans doute aux incidents négatifs dont on peut faire l'expérience dans ce monde. Par exemple, lorsque les gens traversent des déboires d'ordre terrestre comme de perdre leur emploi, souffrir d'une déception sentimentale, subir des violences ou être tué, ils diront qu'ils

« vivent un enfer » ou ressentiront qu'ils se trouvent « pris dans une situation infernale ».

Pourtant, la vérité est que chacun de nous est destiné à mourir. Et il n'y a pas d'exception. À cette époque moderne, on peut espérer vivre jusqu'à cent vingt ans au mieux, mais on ne peut échapper à la mort ; toute personne qui naît doit forcément mourir. Quelles que soient les avancées de la science médicale, elle ne pourra vaincre la mort à cent pour cent. Même s'il est envisageable de retarder la mort d'un être humain ou d'améliorer temporairement sa condition, il est impossible de concevoir un être humain qui ne meure jamais. La seule façon d'envisager l'existence d'êtres humains immortels serait de créer quelque chose comme des robots inusables, mais même les robots finissent par tomber en panne, à court de carburant, ou par rencontrer d'autres avanies et ne plus être utilisés.

La vaste majorité des animaux possède une longévité plus brève que celle des humains, de sorte que nous avons de fortes chances de connaître, durant notre existence, la mort de certains animaux, y compris celle de nos compagnons domestiqués comme les chiens et les chats. Nous assistons aussi à la mort d'autres animaux qui sont transformés en nourriture pour nous. Pour citer un exemple familier, même les enfants qui attrapent et collectionnent durant l'été des insectes comme les coléoptères, par exemple les scarabées, en viennent à comprendre le sens simple de ce passage en étant témoin de leur mort.

Alors, que faire et que penser ?

Le premier point essentiel est que les individus dénués de foi vont, en principe, en Enfer.

Par foi, je ne vise pas spécifiquement un courant religieux en particulier. Ceux dotés de la foi peuvent être, par exemple, ceux qui croient réellement en l'existence de Dieu ou Bouddha, en des Esprits supérieurs, Anges de lumière et autres Bodhisattvas, indépendamment du fait qu'ils soient clairement capables de l'exprimer en mots.

Une telle foi pourrait se trouver chez ceux qui estiment que les individus commettant des actes répréhensibles iront certainement en Enfer et que la façon appropriée de vivre pour les humains est de faire de bonnes actions afin de pouvoir vivre heureux dans l'autre monde. À l'heure du verdict pour décider si une personne doit aller au Ciel ou en Enfer, ceux auxquels ce genre de foi ou de spiritualité fera défaut tomberont essentiellement en Enfer.

L'Enfer est promis aux religieux dénués de foi et ignorants de l'essence de la spiritualité

Nous entrons dans une ère où les gens comptent sur des solutions terrestres pour tout, ce qui s'avère problématique.

Par exemple, certaines personnes vont estimer que le seul aspect important dans la récitation d'un soutra sera le son engendré. D'ailleurs, il existe aujourd'hui des agences spécialisées, ayant procédé à l'enregistrement de soutras par un moine qualifié, qui envoient ensuite aux enterrements un robot programmé pour effectuer la récitation à la place des moines. Ce service est proposé pour un prix variant apparemment en fonction de la longueur du soutra. Par exemple, elles demandent deux cent mille yens (soit un peu moins de mille quatre cents euros) pour une heure et diront à leurs clients : « Un vrai moine facturerait ses services entre un et deux millions de yens (entre six mille et quinze mille euros), voire le double. Notre proposition est plus abordable. » Ils se considèrent comme un magasin à prix cassés suivant une optique purement commerciale.

Cependant, tous ceux qui se trouvent impliqués dans la création de ce nouveau commerce, y compris les concepteurs des robots, les vendeurs chargés de les écouler sur le marché, les fournisseurs de ce service ainsi que les clients qui y souscrivent, se dirigent droit vers l'Enfer. Il est hors de question que je leur pardonne.

Ceux qui travaillent dans ce genre d'entreprises cèdent aux valeurs matérialistes du monde terrestre pour survivre : c'est-à-dire en ignorant le monde spirituel et l'essence de la Vérité de Bouddha et en transformant les services religieux en tâches terrestres. Mais jamais je ne tolérerai cela. Réciter un soutra est différent que de jouer une musique, alors il ne faut pas traiter ces activités de la même manière.

La récitation d'un soutra a un effet salvateur lorsqu'elle est effectuée par quelqu'un qui en comprend l'essence : les défunts seront envoyés au Ciel ou sinon, un Ange ou Bodhissatva pourra se présenter, lors de sa récitation. Mais récité par quelqu'un, y compris religieux de profession, qui n'a pas atteint le moindre éveil spirituel, il perdra toute efficacité.

Si ceux qui officient ne croient ni à l'Au-delà ni aux bienfaits du soutra et n'en comprennent pas non plus la signification, mais se contentent d'effectuer la manœuvre mécaniquement tout comme s'il s'agissait là d'un boulot ordinaire, alors ils sont en tous points semblables à des médecins ineptes. Même des moines seront en général dirigés vers l'Enfer s'ils sont dénués de foi, mentent ou trompent les gens.

Idem pour les prêtres des églises et les pasteurs. Certains d'entre eux ne sont pas croyants ; néanmoins, ils succèdent à la tête d'un temple en tant qu'entreprise familiale pour gagner leur vie et soutenir leur famille. On permet aux pasteurs de prendre épouse et d'avoir une progéniture parce que c'est nécessaire pour reprendre le flambeau, mais tous ceux qui s'engagent dans cette profession n'ont pas la foi. Certains vont, par simple habitude, sortir diplômés d'une école de théologie et acquérir des connaissances sur Dieu afin de pouvoir se garantir un toit au-dessus de leur tête. Malheureusement, ces « professionnels » qui font carrière dans la religion sans connaître son essence iront en Enfer. Je ne leur pardonnerai pas.

En réalité, ce genre de « travailleurs religieux » sont également actifs en Enfer parce que de nombreuses âmes là-bas ont le désir d'être sauvées. Ces religieux de profession prêchent de fausses doctrines et enseignements en Enfer où ils rendent les âmes encore plus confuses, allongeant d'autant leur séjour plutôt que de leur offrir une planche de salut. Sur le principe, je ne leur pardonnerai pas. Ils devront faire face à des conséquences d'une sévérité accrue.

S'ils persistent à fourvoyer de nombreuses personnes même après leur chute en Enfer, ils s'enfonceront plus profondément dans un monde de souffrances encore plus intenses.

Par conséquent, au préalable, une âme sera sévèrement jugée sur l'étendue de sa foi, ou de sa philosophie et mentalité s'apparentant à la foi.

Le tribunal de Yama possède les enregistrements de chaque pensée, action et voix intérieure tenues de notre vivant

Ensuite, on vous fera opérer un retour sur votre existence d'être humain afin d'examiner vos pensées et actions.

Les actes sont relativement plus faciles à juger que les pensées. Les lois et règles dans ce monde déterminent des interdits à ne pas transgresser, comme des crimes et actes illégaux, de sorte que c'est plutôt évident. Néanmoins, il existe d'autres actes répréhensibles que de nombreuses personnes perpétuent, assortis de la considération suivante : « Tant qu'on ne remarque rien, ça passe. ».

Mais même ces agissements dont ils avaient cru pouvoir se tirer impunément seront tous révélés après la mort. Leurs vies seront exposées sur un Miroir Réfléchisseur de Vie ou sous forme de clip vidéo rassemblant les évènements marquants de leur existence, et on leur indiquera sur quels points porter leur attention et méditer pour se repentir de leurs fautes.

Or ce ne seront pas seulement les méfaits qui feront l'objet d'un jugement. Au tribunal de Yama, les bonnes comme les mauvaises actions seront passées en revue. Elles seront comparées et un verdict sera rendu en se fondant sur leur poids respectif.

Par conséquent, même des assassins pourraient bénéficier d'un certain degré d'allégement s'ils ont subi une condamnation suffisante sur terre et ont été capables de se réhabiliter durant leur longue incarcération, ou s'ils ont travaillé diligemment pour rebâtir leur vie à partir de zéro lors de leur retour dans la société.

La même règle s'applique aux criminels exécutés. Dans la plupart des cas, ils ne seront pas capables de retourner au Ciel immédiatement, mais s'ils se repentent de leurs actes et réalisent leur échec en tant qu'être humain, ils seront dirigés vers un endroit similaire à un établissement où on pratique l'autoréflexion, afin d'être guidés dans l'examen de leur vie passée et de leur conscience pendant un certain temps. Une fois cette période terminée, ils auront la possibilité de monter au Ciel.

En d'autres cas, cependant, le Juge de l'Enfer ne pourra jamais fermer les yeux sur la conduite de ceux qui agissent guidés par le raisonnement suivant : « Ça va passer parce que personne ne sait ce que j'ai fait. ». Voilà des gens qui ont commis des meurtres et des agressions ou infligé des blessures sans se faire remarquer, agi en coulisse sans se faire prendre ou effectué des larcins, vols et autres méfaits de nature criminelle en réussissant à s'échapper sans se faire repérer par la police ni juger par la loi. Il y a aussi des criminels rusés qui utilisent adroitement d'autres personnes pour effectuer un crime en prétendant ne pas les connaître et qui ne se font jamais prendre. Mais le jugement de Yama ne permettra jamais à ce genre d'oiseaux de s'en sortir impunément.

Dans notre monde, une personne ne peut être condamnée sans preuve mais dans le tribunal de Yama, toutes les preuves sont exhibées sur un mode « spirituel », parce que tout ce que vous avez fait et pensé durant votre vie en tant qu'être humain se trouve gravé.

En visionnant ces enregistrements, vous remarquerez qu'ils sont principalement effectués du point de vue de votre Esprit-Gardien. Certains seront pris selon votre propre perspective, mais le fait que vous puissiez vous voir à l'écran atteste que vous étiez effectivement observé par une tierce personne. On peut donc en déduire que, généralement, c'est notre propre Esprit-Gardien qui filme et enregistre notre existence. Et ces captations vont même jusqu'à inclure notre voix intérieure.

On vous fera visionner une version abrégée de ces enregistrements à partir desquels vous devrez passer en revue votre existence entière. Ainsi, des preuves vous seront présentées dans l'Au-delà. Dans notre monde tridimensionnel, vous ne seriez peut-être pas inculpé sans les informations recueillies sur le terrain par la police, une déposition des témoins ou votre propre témoignage.

Parfois, l'équipe médico-légale doit trouver des preuves scientifiques pour attester de la culpabilité d'un suspect. Par contre, dans l'Au-delà, toutes les preuves seront apportées devant vous. Même si en vieillissant vous oubliez les actes divers que vous avez commis, vous serez en mesure de vous souvenir précisément de chacun dès votre retour dans l'autre monde.

Là-bas, le facteur temps agit différemment de l'horloge terrestre. Peut-être avez-vous entendu parler de personnes pratiquant l'escalade qui chutent et vivent des flashbacks de leur existence entière en l'intervalle de quelques secondes avant de s'écraser au sol. L'idée est similaire : vous verrez ainsi défiler non pas la soixantaine d'années in extenso de votre incarnation terrestre mais seulement la série de points importants demandant à être examinés. De cette manière, votre vie entière sera passée au crible en un laps de temps extrêmement bref.

Ainsi, le procès au sein du « tribunal de Yama », qui se déroule avant que les gens comparus soient envoyés en Enfer, est juste, puisqu'il s'appuie sur chacune des plus infimes pensées et actions dans ce monde qui auront été gravées, sans exception.

Ces enregistrements existent aussi à l'intérieur de votre propre âme. Dans le passé, j'ai utilisé le terme « bande de pensées » pour décrire ce processus, qui fonctionne comme un magnétophone. Toutes vos voix intérieures et vos agissements se trouvent gravés comme s'ils avaient été filmés, de sorte que quiconque capable de lire la bande de pensées pourra immédiatement définir quel genre de personne vous êtes.

Les disques vinyle étaient jadis très utilisés ; il fallait passer le disque et écouter la musique pendant une heure entière pour déterminer de quelle sorte de musique il s'agissait. Mais en vertu des lois de l'Au-delà, il est possible de décrypter instantanément quel « type de son » chacun possède, rien qu'en examinant les sillons de son « disque vinyle ». En particulier, les Esprits des niveaux supérieurs, ou Esprits élevés, peuvent en réaliser une lecture instantanée en révélant ainsi comment une personne aura mené sa vie.

Si la personne en train d'être jugée demeure dubitative quant à la pertinence du verdict, alors certaines de ses connaissances défuntes, tels qu'amis, parents ou même ses propres victimes, pourront être invitées sous leur forme d'Esprits. Si la personne proche de l'« accusé » est encore en vie, c'est alors l'Esprit-Gardien de cette dernière qui pourrait être invitée à comparaître en tant que témoin. Elle pourrait être interrogée de la sorte : « Ce sont les propos tenus par l'accusé. Sont-ils vrais ? ». Voilà le genre d'enquête qui sera menée.

Imaginons qu'une personne ne paie pas son loyer pendant de nombreuses années et tue sa propriétaire parce qu'elle lui avait demandé plusieurs fois de s'acquitter de sa dette, comme dans le roman Crime et châtiment. Même si l'enquête de la Police échoue à trouver le meurtrier, Yama pourra convoquer l'Esprit de la propriétaire et le faire confronter avec le meurtrier. Puis, Yama demandera certainement : « Que s'est-il réellement passé ? ». Et l'Esprit de la propriétaire pourrait répondre : « Oui, cet individu m'a tuée. Je suis catégorique : c'était bien lui. ». Dans ce cas, la preuve est claire. Le meurtrier visionnera alors également une séquence de la scène du crime.

Ainsi, on ne peut échapper à ses mauvaises actions.

Quel est le point important ici ? En réalité, en tant qu'être humain, il est difficile de vivre sans rien faire de mal. La vie est un cahier d'exercices fourmillant de problèmes à résoudre. En ce sens, nos faux-pas attestent de nos erreurs lors de nos tentatives pour résoudre ces problèmes. Faire des fautes, ça arrive. Mais l'important, c'est d'obtenir une note passable. On peut perdre des points mais on doit viser à augmenter le nombre de points remportés afin d'obtenir une moyenne finale permettant de se qualifier.

Pensez-vous vivre de manière correcte au regard de la foi juste, des lois de ce monde ou des règles morales humaines ? Qu'en penseraient vos parents ? Qu'en penseraient vos voisins ? Qu'en penseraient vos collègues ? Qu'en penserait quelqu'un jouissant d'un niveau de conscience plus élevé ? Il vous faut considérer tous ces points.

2. Le péché des criminels idéologiques est lourd, en raison de l'étendue de leur influence

La parole erronée sera jugée avec sévérité

Les jugements rendus sur les crimes dans ce monde contiennent de nombreuses erreurs. Par exemple, certains magazines colportant des racontars auront sans doute l'impression d'occuper le rôle de Yama dans ce monde. En se fondant sur cette croyance, ils se lancent à la chasse des actes répréhensibles des autres. Comme certains articles sont justifiés, la peine qu'il encourent pourra être mitigée, mais une partie des propos publiés dans leurs pages s'avèrent infondés.

Ils pourraient s'identifier à Yama dans leur démarche, mais s'ils continuent à humilier, blesser ou mettre les autres en difficulté jusqu'à ce qu'ils perdent leur emploi à cause d'histoires montées de toutes pièces, alors c'est l'Enfer qui les attend. Conséquence : plus de quatre-vingt-dix pour cent des rédacteurs-en-chef des hebdomadaires, de même que les directeurs et responsables qui décident du choix des sujets couverts dans les émissions de télévision ou les journaux, ont maintenant chuté en Enfer.

Aujourd'hui, la démocratie est construite sur l'opinion publique, mais il s'agit d'une « démocratie viciée » si l'opinion publique elle-même se trompe.

C'est pourquoi la population de l'Enfer connaît à présent un essor faramineux. C'est vraiment inquiétant. De plus, dans de nombreux cas, il est presque impossible de convaincre les gens de leurs erreurs une fois tombés en Enfer, alors le problème ne fait que se renforcer. Ils sont endoctrinés avec des pensées erronées parce que ceux qui détiennent l'autorité pour rendre des jugements dans ce monde se fourvoient.

Je ne pense pas que beaucoup d'universitaires commettent de crime dans ce monde ; cependant, s'ils enseignent des idées nocives, leurs étudiants seront « contaminés », et cette « contamination » continuera à polluer les générations suivantes. Ces professeurs sont appelés des « criminels idéologiques » et leur péché est plus grave qu'on ne l'imagine. De nombreux crimes dans ce monde, comme le meurtre et le vol, sont facilement identifiables mais il sera plus difficile de pointer les crimes de nature idéologique.

Bien que la Constitution japonaise soutienne la liberté de pensée et la liberté de parole, devrait-on permettre la liberté de parole erronée, en particulier ? Un verdict sévère sera certainement rendu sur ce point. Ceux qui entraînent de nombreuses personnes dans le malheur ou fourvoient les autres dans une direction fausse seront naturellement tenus responsables.

Les nouveaux types d'Enfer : l'Enfer de la presse, l'Enfer de la télé, l'Enfer des hebdomadaires et l'Enfer d'internet

Aujourd'hui, nous vivons dans une « société d'internet » où les utilisateurs anonymes écrivent de nombreux commentaires haineux, provoquant une « surenchère » en ligne. Même si les législateurs sont en pleine discussion sur ce point, la législation demeure à la traîne dans ce domaine. C'est aussi devenu un problème urgent en Enfer, faisant à l'heure actuelle l'objet de recherches.

Il y a des individus tenant en ligne des propos calomnieux ou négatifs envers autrui. Ces personnes se permettent des commentaires qu'elles ne feraient pas ou ne se permettraient pas de faire face-à-face. En outre, elles écrivent des choses qu'il serait inacceptable de dire en présence d'autres personnes. En le faisant, elles humilient les autres ou les piègent. Même ceux qui ont utilisé dans l'anonymat une telle violence verbale se trouvent à présent jugés en tant que criminels d'un nouveau type.

Les Enfers traditionnels ne sont eux-mêmes plus suffisants pour traiter de tels crimes. On assiste à la formation de nouveaux types d'Enfer, que sont l'**Enfer de la presse**, l'**Enfer de la télé**, l'**Enfer des hebdomadaires** et l'**Enfer d'internet**. Il faut des experts pour chacun de ces Enfers, si bien que les juges qui y siègent sont ceux possédant certaines connaissances pointues sur les domaines concernés.

De nos jours, les gens ne se contentent pas de mentir ou de blesser les autres ; ils commettent des crimes de plus grande ampleur et plus systématiques par le biais des ordinateurs. Par exemple, des hackers dérobent des données à certaines entreprises ou à des pays étrangers pour les utiliser illégalement. Grâce aux ordinateurs, ils volent aussi les biens d'autres personnes se trouvant dans des banques étrangères. Ces escrocs seront pris s'il y a des preuves, mais la plupart du temps, ils sont habiles et ne laissent pas de traces.

Des monnaies dématérialisées sont également en circulation. Ces monnaies peuvent être permises tant qu'il existe un sentiment de confiance et que des développeurs et opérateurs dotés d'une véritable éthique œuvrent à soutenir des activités économiques fondées sur des intentions nobles et de la confiance.

Cependant, certaines personnes créent un grand nombre de cryptomonnaies juste pour commettre une fraude ou encore se servent d'argent électronique pour perpétrer divers crimes. Pour ces cybercriminels, l'Enfer, de nature plus complexe, ne ressemblera pas aux Enfers précédents. Alors, même si j'ai utilisé le terme « Enfer d'internet » plus tôt, un Cyber Enfer ou plutôt un Enfer du cyberespace, est en train de se constituer. Des spécialistes sont en train d'émerger également pour intervenir dans ces enfers.

Il est surprenant de constater qu'en raison du grand nombre de personnes travaillant actuellement dans ces domaines, des spécialistes sont présents en quantité suffisante. Alors, nous appelons des Esprits à la mentalité droite et vertueuse parmi eux. Nous leur enseignons les règles essentielles du tribunal de Yama et leur demandons ainsi de délibérer sur des cas : « En vous fondant sur votre domaine d'expertise, estimez-vous que cette personne ait bien agi ou non ? ».

Et donc, certains Esprits dotés de compétences scientifiques, technologiques, en ingénierie ou en mathématiques, sont à présent invités à venir prêter assistance au tribunal de Yama. C'est parce que les vieux concepts qui ont été utilisés dans le passé ne suffisent pas à juger les crimes d'aujourd'hui, et il reste encore à définir certains crimes en tant que tels. Il faut que ces jugements soient rendus.

Yama ne pardonnera jamais aux criminels idéologiques influents

Ainsi, l'Enfer est en train de devenir extrêmement complexe. J'ai souligné précédemment les pensées et actions, et les deux sont liés. Donc avant tout, réfléchissez à vos pensées sur les points suivants.

Le premier est l'avidité. Certaines personnes sont très avides, tout comme le vieux couple cupide des contes japonais. Une personne avide recevrait un « carton rouge ».

Ensuite vient la colère. Certaines personnes sont incapables de contrôler leur colère et blessent les autres gratuitement ou créent des ennuis à des familles ou à des organisations, alimentant continuellement les frictions au sein de la société. D'une certaine manière, ce genre de personnes sont des « pollueurs ». Les « pollueurs » se trouveront certainement dans l'obligation de nettoyer le désordre qu'ils auront semé, ce qui signifie qu'ils devront racheter les souffrances infligées aux autres à cause de leur colère.

Ensuite vient l'ignorance, c'est-à-dire des modes de raisonnement fondés sur l'ignorance, comme je l'ai mentionné au Chapitre I.

Des « connaissances », découlant d'une certaine ignorance, se sont déjà répandues énormément aussi au sein du monde universitaire. De nombreuses personnes gagnent leur vie en enseignant un savoir creux sans aucune valeur, et d'autres le diffusent en enseignant ailleurs les mêmes inepties vides. Ces individus seront tenus responsables de leur ignorance. Dans la plupart des cas, ils ont fait le mauvais choix entre deux options. Ils ont pris la mauvaise décision entre deux termes, ou entre la gauche et la droite, alors on ne pourra pas leur pardonner.

Ceux dans la position d'enseigner un savoir universitaire doivent rechercher la Vérité sans relâche, la Bonté sans relâche et la Beauté sans relâche. Les savants et les enseignants à l'université faisant des efforts dans cette direction auront l'opportunité de retourner dans les couches supérieures du monde à six dimensions, mais en réalité, un bon paquet d'entre eux ont sombré droit en Enfer. Ceux qui s'obstinent à enseigner de fausses idées sont des « criminels idéologiques », même s'ils peuvent jouir de certains titres dans ce monde, comme « Professeur de telle Université ». Plus ils répandent leur philosophie et plus leur influence s'accroît, et plus ils s'enfonceront profondément dans l'Enfer.

La règle ne s'applique pas uniquement aux érudits. De nombreux criminels idéologiques émergent parmi les rangs des commentateurs, des écrivains, y compris romanciers, des rédacteurs et des directeurs de journaux ou d'émission de télévision, de magazines, de films etc. Les Juges de l'Enfer ne leur laisseront jamais aucun repos, vu leur influence négative sur un grand nombre de personnes. Telle est la position de Yama à ce sujet.

Il existe sans doute des crimes qui s'exercent entre individus mais dont l'influence reste plutôt limitée, alors que, dans le même temps, certaines personnes partageront massivement leurs philosophies et idéologies oiseuses via des livres, BD, films et émissions de télévision, entre autres. Ce genre de profils abondent également dans les rangs des politiciens qui, bien que bénéficiant parfois d'une haute considération au sens terrestre, pourront clairement être considérés comme « mauvais » selon la norme du bien et du mal de la Vérité de Bouddha.

La corruption idéologique fonctionne à l'instar de la pollution : déverser du poison ou du mercure à l'amont d'une rivière produira des poissons anormaux aux colonnes vertébrales tordues. Les gens qui se nourrissent de ces poissons développeront alors des maladies rares ou incurables, avec au final un impact très destructeur. Donc, on ne peut être heureux rien qu'en étant promu à un poste plus élevé ou en connaissant une réussite d'ordre purement terrestre.

Par contre, certains tiennent ce genre de discours : « Je n'ai pas réussi dans ce monde. Ma vie n'a pas décollé de la médiocrité. J'ai mené une vie ordinaire. J'ai seulement pu influencer les membres de ma famille ; et quel dommage qu'à mon travail, on m'ait traité comme une machine. C'était une existence si ennuyeuse. ». Mais en vérité, même si ces personnes-là vont en Enfer à leur retour dans l'Au-delà, elles pourront en sortir assez rapidement en raison de la légèreté de leurs péchés.

Néanmoins, ceux qui seront arrivés à faire fructifier leur affaire en entreprise de taille importante ou à réaliser des profits considérables de façon malhonnête ne pourront pas se voir pardonnés si facilement, en raison de la portée de leur influence.

S'agissant de médecine, certaines personnes pourraient avoir développé et commercialisé de faux médicaments ou proposé des médicaments inefficaces tout en assurant du contraire. Ces actions seront également sévèrement punies. Idem pour les hommes politiques à l'origine de lois délétères.

En adoptant un point de vue purement terrestre, on pourrait tenir le raisonnement suivant : « La vie s'arrête à ce monde matériel, alors je veux réussir autant que possible pendant les cent ou cent-vingt ans que durera mon existence. Je serais enchanté de jouir du respect du maximum de monde, de gagner argent et célébrité, sans compter une certaine popularité auprès des personnes du sexe opposé. ». Mais si par contre vous vous êtes laissé aller à des pensées et à des agissements erronés pour atteindre votre objectif, alors sachez que vos péchés dans l'Au-delà seront jugés comme extrêmement lourds.

3. Les valeurs terrestres ne sont pas valides en Enfer

La discipline spirituelle en ce monde vaut dix fois
celle effectuée au sein du Monde Spirituel

L'explication en est simple : ce monde tridimensionnel est un lieu où il est malaisé pour les êtres humains de connaître la Vérité, contrairement au Monde Spirituel. Par conséquent, il est plus difficile de bien agir dans ce monde qu'au sein du Monde Spirituel ; de même, la pratique de l'autoréflexion y est plus ardue.

En fait, une année d'entraînement spirituel dans ce monde peut équivaloir à un entraînement de dix ans au sein du Monde Spirituel. Alors, ceux qui seront jugés mauvais après avoir vécu une existence d'à peine quelques décennies pourraient souffrir en Enfer pendant plusieurs siècles. En réalité, les individus à se trouver dans une telle situation sont nombreux.

Notre Monde Phénoménal contient à la fois du bien et du mal. Nous existons dans un corps physique en étant entourés d'objets matériels que nous devons utiliser pour vivre. En un sens, c'est un monde où chacun avance aveuglément à tâtons. Ainsi, vous serez en mesure d'accomplir de grands progrès dans votre apprentissage spirituel si vous parvenez à discerner le bien du mal, la vérité de la fausseté et la beauté de la laideur dans un tel monde. Voilà pourquoi les êtres humains naissent dans ce monde à maintes reprises : il contient tant de leçons à apprendre !

Une fois dans l'Au-delà en tant qu'entité spirituelle,

il est assez facile de comprendre qu'on est un Esprit. Néanmoins, beaucoup ne saisissent même pas cette vérité simple. Les Esprits qui possèdent les personnes incarnées en perpétrant des exactions ignorent tout de l'existence du Monde Spirituel et ne sont pas conscients qu'ils sont devenus des entités spirituelles. Certains, persuadés d'être toujours en vie, s'en vont posséder des êtres incarnés pour donner libre cours à leurs sentiments de frustration.

Supposons qu'une personne décède lors d'un accident de voiture sur une route de montagne particulièrement sinueuse. Si cette personne ignore qu'elle est devenue Esprit, elle restera liée à la terre, errant sur le lieu de l'accident. Et lorsque cet Esprit verra quelqu'un conduisant de manière dangereuse ou sous l'influence d'alcool, il viendra rapidement posséder cette personne, provoquant un nouvel accident.

Cet exemple démontre que certaines personnes sont incapables de saisir la vérité la plus basique, en raison de leur manque de connaissances. C'est vraiment regrettable.

Il y a plusieurs décennies, un ancien procureur général a publié un livre semi-autobiographique intitulé *Les gens finissent à la poubelle après leur décès* (traduction littérale du titre). Voilà bien l'une des productions les plus calamiteuses de la pensée matérialiste. Vu la nature de son poste qui lui confère le rang le plus élevé pour juger de ce qui est juste ou répréhensible, son péché doit être lourd.

Son point de vue était purement matérialiste alors,

bien que sans doute il ait été convaincu d'emprunter la « voie de Yama » et s'attendait à passer directement de procureur général à « Grand Roi des Enfers », ce n'est pas ce qui est arrivé à son arrivée dans l'Au-delà. Car ceux possédant ce genre de philosophies erronées ne sont pas pardonnés.

Il en va de même des juges. L'examen du barreau ne s'embarrasse pas de connaissances religieuses, alors leur jugement se fonde majoritairement sur des connaissances terrestres. Bien que la majorité de leurs décisions, disons soixante-dix ou quatre-vingt pour cent, puisse représenter un verdict raisonnable, vingt à trente pour cent s'avèreront très probablement erronées.

Il incombe aux juges d'interroger leur conscience pour considérer la justesse de leurs opinions. Même les juges doivent aller en Enfer s'ils ont fréquemment rendu des jugements erronés et commis des fautes fatales.

Les avocats aussi doivent aller en Enfer s'ils sont immoraux. Par exemple, certains avocats s'évertuent à dénoncer les crimes de certaines religions et, dans certains cas, peut-être font-ils en effet preuve d'initiatives judicieuses. Quant à celui œuvrant à éradiquer de la société une religion qui porte la mission de Dieu et de Bouddha, alors malheureusement, avocat ou non, il sera expédié en Enfer.

Ainsi, les marqueurs de la réussite terrestre n'ont pas cours du tout en Enfer. Le CV professionnel et les diplômes n'impressionnent guère, pas plus que le niveau de respectabilité ou de richesse matérielle, la taille d'une résidence, le prestige ou la noblesse d'un arbre généalogique, fût-il de lignée royale. Aucun de ces facteurs n'est là-bas pris en considération. Le seul paramètre sera la foi, les pensées et les actes. Votre foi, vos pensées et vos actions montreront la sorte de personne que vous êtes.

En un sens, il était bon que l'aristocratie s'effondre et que tout le monde en vienne à recevoir un traitement égal. Jadis, pendant longtemps, un individu issu d'une classe sociale élevée n'aurait pas été condamné pour crime, même s'il avait maltraité ou assassiné des personnes de rang inférieur. En comparaison de ces époques, le monde s'est amélioré. En général, on sera jugé à l'aune du bien-fondé de nos actes en tant qu'être humain.

Pourtant, la loi de Yama n'est pas seulement constituée de règles rigides. Comme je l'ai expliqué précédemment, le Juge de l'Enfer pèse les bonnes comme les mauvaises actions d'un individu avant de déterminer le poids de ses péchés. Il considère également les témoignages des personnes impliquées en prenant en compte d'éventuelles circonstances atténuantes.

Les criminels d'ordre idéologique sont isolés dans l'Enfer Abyssal

Certains des criminels les plus graves tombent à leur décès directement jusqu'au fond de l'Enfer sans même comparaître devant le tribunal de Yama. De toute évidence, il s'agira, de l'avis général, de cas désespérés.

Parmi eux on se trouvera ceux qui auront particulièrement bloqué ou entravé les autres dans des domaines reliés à la Vérité de Bouddha, en inversant totalement les propos. Ceux impliqués dans des activités ayant abouti à l'accroissement de la population de l'Enfer ne seront jamais pardonnés. Beaucoup d'entre eux sont précipités en Enfer la tête la première.

Même ainsi, il y en a qui continuent à affirmer que l'Au-delà, Dieu ou Bouddha, n'existent pas. Dans la plupart des cas, ces âmes se trouvent dans leur propre monde d'illusion : sans doute pensent-elles avoir été enfermées dans un endroit, par exemple une salle spéciale au sein d'un hôpital, alors qu'en réalité, elles sont tombées dans l'**Enfer Abyssal** dans les profondeurs infernales.

La caractéristique de l'Enfer Abyssal est que, bien qu'il soit peuplé de nombreuses autres âmes, elles ne peuvent se voir l'une l'autre en raison de l'obscurité totale qui y règne. C'est presque comme si elles avaient sombré au fond d'un puits. Pour avoir une idée de leur degré d'emprisonnement, il s'agit ici d'une détention isolée, car on les a confinées en tant que « criminels idéologiques ».

Elles sont donc en isolation totale. Même si d'autres âmes se trouvaient à quelques mètres d'elles, elles ne pourraient jamais se reconnaître ni communiquer. En de nombreux cas, on les laisse seules, complètement isolées. En règle générale, elles resteront dans cette situation pendant une période très longue.

Là, certains de ces criminels commencent à réfléchir sur leur parcours. C'est alors qu'un Esprit se consacrant à ce genre de mission descendra jusqu'à eux, au moment opportun. Tout comme l'aumônier venant rendre visite aux détenus pour leur enseigner la manière de vivre juste, quand l'heure sera venue un Esprit dédié à cette tâche se rendra dans l'Enfer Abyssal. Souvent, les Esprits qui retournent au Ciel après la mort en s'efforçant d'accéder au rang d'Anges de Lumière s'acquittent de cette tâche. Ce sont des Anges-en-devenir ou des « Apprenti-Anges ». Ces Esprits font un tour en Enfer pour acquérir l'expérience nécessaire à sauver les autres et essaient de les guider vers le droit chemin en leur parlant. En de nombreux cas, néanmoins, les âmes relevant de l'Enfer Abyssal ne peuvent se départir des pensées imprimées dans leur cœur tout au long des quelques décennies d'existence terrestre.

Ces Esprits sont d'habitude pleins d'orgueil. Ils se considèrent comme des personnalités très importantes, n'ayant pas à s'excuser auprès des autres ni à reconnaître leurs torts. Ainsi, ils souffrent pendant un temps interminable en Enfer et ne peuvent être sauvés. Pourtant, à dire vrai, ils ressentent le poids de la solitude, de la tristesse, de la douleur et de la faim tout comme un prisonnier condamné à perpétuité.

4. La règle de L'Enfer et les divers aspects qu'il recouvre

Les guerres légitimes ne sont pas considérées comme un crime mais les guerres infernales conduisent à l'Enfer des Asura

À un niveau d'Enfer moins profond, on se trouve entouré de nombreux Esprits. Une des règles de l'Enfer est que les Esprits qui se ressemblent s'assemblent.

En d'autres termes, ceux dotés de la même « maladie » se massent au même endroit. Les hôpitaux regroupent leurs patients au sein d'une même spécialité : ceux présentant des troubles mentaux dans le pavillon de psychiatrie, les cardiaques ou malades du cerveau au sein des services correspondants, et ceux atteints par un cancer sont placés dans une aile dédiée à l'oncologie. De même, ceux affligés de tendances similaires se côtoieront souvent au sein d'un même Enfer.

Là, ils se battent contre d'autres Esprits présentant un profil similaire en causant un certain chaos, où, à force, ils en viendront à réaliser leurs erreurs.

À certaines périodes de l'histoire, des guerres et des conflits peuvent se produire. Mais on ne peut affirmer que toute implication dans une guerre ou dans un combat soit nécessairement négative. Dieu et Bouddha considèrent certaines guerres comme inévitables, et donc elles ne sont pas toutes jugées néfastes. Toutes les grandes figures historiques qui ont mené des guerres et bâti des nations, ou occupé des postes de commandement, ne sont pas des diables.

Parfois, de telles guerres sont nécessaires et il y a des époques où il faut lutter avec acharnement pour protéger les citoyens d'un pays.

De plus, on est au moins autorisé à se battre pour protéger sa famille quand nécessaire. Si un voleur s'introduit la nuit par effraction et tire avec une arme sur certains membres de la famille habitant là ou les poignarde d'un couteau pour s'emparer de leurs biens les plus précieux, le chef de famille ripostera certainement par la violence, voire en se servant d'une arme à feu si les lois de ce pays le permettent. Les lois de ce monde considèrent ce geste comme relevant de légitime défense.

Une situation comme celle-là exigerait un procès dans le monde terrestre. Il se pourrait que le tribunal résolve le cas, faute de quoi l'affaire sera portée devant le tribunal de Yama pour être jugée. Les situations qui sont justifiées ou du ressort de la légitime défense, telles que celles qu'on pourrait en général estimer « inévitables », pourront bénéficier des circonstances atténuantes.

Supposons que le Japon tel qu'il se présente aujourd'hui doive se trouver impliqué dans une guerre lors d'un futur proche.

Ce n'est peut-être pas quelque chose sur lequel je devrais faire des commentaires étant donné ma position actuelle ; ce serait plutôt à la classe politique et aux autorités militaires de s'exprimer sur la question. Mais imaginons que la Corée du Nord fabrique de nombreuses armes nucléaires et les tire unilatéralement sur le sol japonais.

Des millions ou des dizaines de millions de citoyens japonais pourraient périr et il serait possible que la Corée du Nord tienne alors les propos suivants : « Le Japon doit devenir un état vassal de la Corée du Nord. Vous devez nous remettre tous vos biens personnels et propriétés. À partir de maintenant, vous serez traités comme nos esclaves. ». Pour empêcher une telle éventualité, le Japon pourrait développer des armes, riposter et défendre ses citoyens. Mais cette action du Japon ne serait pas ici considérée comme mauvaise selon la loi de Yama : il s'agissait uniquement d'une réaction naturelle.

Si la Corée du Nord commet des actes illicites, c'est elle qui aura agi de manière impardonnable et les responsables seront assurément jugés comme mauvais. Cependant, si on constate une certaine nocivité dans les deux camps, ces derniers feront alors l'objet d'un jugement au cas par cas.

Prenons, par exemple, la loi du Bouddha énoncée il y a 2 500 ans. Quelqu'un a posé la question au Bouddha : « En cas de guerre, les guerriers sont-ils considérés comme criminels ? ». Il a répondu : « Le crime premier revient au roi. ».

Bien sûr, il faut adapter ses propos à l'époque : le fautif pourrait donc être le premier ministre ou le président, parmi d'autres. Voici ce que Bouddha voulait dire : « En premier lieu, le roi devrait être tenu responsable pour tout péché commis. ». En d'autres termes, le roi ou les généraux du pays concerné seront interrogés : « S'agissait-il d'une guerre justifiée ? ». Ils seront jugés sur le bien-fondé de leur décision.

Plus on se situe bas sur l'échelle du pouvoir, et moins on est responsable. Par exemple, un agent de police ou un militaire est souvent tenu d'obéir à un ordre important donné par son supérieur.

Si on leur en donnait l'ordre, ils seraient certainement prêts à tirer une rafale de balles sur une cible. Mais ils ne seront pas forcément accusés de crime après leur mort si tel était le devoir qu'il leur fallait remplir dans la chaîne de commandement hiérarchique au sein d'une structure spécifique.

Par conséquent, les guerres ou les actions qui y sont liées ne constituent pas forcément un crime. Pourtant, certains individus pourront quand même être tenus pour responsables s'ils ont fait preuve d'une brutalité et d'une cruauté inhumaines lors d'une guerre contre un pays ennemi ou un autre groupe ethnique. En de tels cas, ils seront condamnés.

Par exemple, au Rwanda, les Hutus et les Tutsis se sont entretués à coups de haches et de machettes. Il existait sans doute une raison à ces affrontements ; mais lorsque les rassemblements de foule virent à l'émeute et que des actes de violence graves sont perpétrés sans discernement, alors les tueurs pourront avoir à répondre individuellement des péchés qu'ils auront commis et être jugés en Enfer.

Ceux dont la conduite sera jugée « infernale » durant les conflits et les guerres iront dans un endroit appelé l'**Enfer des Asura** ou **Royaume des Asura**, où ils continueront à s'étriper éternellement.

Par exemple, durant la Bataille de Sekigahara (le 20 et 21 octobre 1600) au Japon, les armées orientales et occidentales s'affrontèrent. On appartenait à l'un ou l'autre des camps selon son lieu de naissance. Les vainqueurs étaient naturellement considérés comme justes, mais certains de ceux qui périrent dans la bataille et ont chuté en Enfer sont toujours incapables d'en sortir, même si leur nombre est à présent en train de diminuer.

Comme ces Esprits ont continué à s'entretuer sans fin dans l'Enfer des Asura, ils en viennent un jour à penser : « Quel comportement stupide j'ai eu ! » et à prendre conscience de leurs erreurs. Alors, ils pourront monter au Ciel, ce qui fera décroître peu à peu leurs légions en Enfer. Parfois, les Esprits peuvent réfléchir à leurs actes en regardant ceux qui se conduisent comme eux.

Les âmes avides de plaisirs matérialistes tombent dans l'Enfer de l'Étang de Sang, l'Enfer de la Montagne d'Aiguilles et l'Enfer de la Forêt aux Feuilles de Rasoir

La même logique s'applique à l'**Enfer de l'Étang de Sang**. Ceux qui se seront royalement égarés dans leur vie sexuelle durant leur existence humaine sans pouvoir produire aucune preuve ou circonstances atténuantes appuyant leur requête de salut seront jetés dans un lieu nommé Enfer de l'Étang de Sang. D'autres Esprits présentant les mêmes tendances s'y trouvent aussi regroupés. Ils feront tous ensemble l'expérience de cet Enfer jusqu'à ce qu'ils prennent conscience que ce qu'ils pensaient être beau, joyeux et synonyme de plaisir n'était en fait que souffrance.

L'Étang de Sang n'est qu'un symbole : beaucoup d'hommes et de femmes sont en train de suffoquer dans une mare d'eau sanglante. Ils y barbotent, nus. Les voir ainsi se noyer en flottant dans cette mare de sang ne fera naître aucun désir sexuel terrestre ; tous ont une apparence grotesque et monstrueuse : c'est un spectacle répugnant.

L'Enfer de l'Étang de Sang ne suffisant pas, d'autres Enfers existent aussi, se rajoutant à cette mare. C'est la réalité. Nous avons à présent entamé la décennie 2020 mais ces Enfers existent bel et bien, à l'heure actuelle. Les Enfers dont le Bouddhisme fait la description sont toujours une réalité.

L'Étang de Sang et la Montagne d'Aiguilles sont des contrées infernales traditionnelles. Ceux qui ont commis des exactions y sont poursuivis et pris en chasse par des bourreaux, des geôliers ou des ogres dans un lieu où les épées sortent du sol. Leur corps est déchiqueté de multiples façons et devient ensanglanté. C'est là une expérience aussi horrible que douloureuse.

L'Enfer de la Forêt des Feuilles de Rasoir est aussi très célèbre dans le Bouddhisme. Ici, les femmes séduisent des hommes, même si les deux se trouvent bien en Enfer. Beaucoup de ceux qui chutent dans cet Enfer travaillaient de leur vivant dans des établissements liés à la vie nocturne, et il y en a également beaucoup qui s'étaient trouvés impliqués dans des crimes.

Pour décrire cet Enfer, imaginons une jolie femme

attendant en haut d'un arbre. Sous l'arbre se masse une foule d'Esprits emplis de convoitise et de lubricité. Elle les appelle : « Venez par ici. » et les voici donc rivalisant pour escalader l'arbre. Mais parce que chaque feuille sur l'arbre est effilée comme une lame de rasoir tournée vers le bas, leurs corps se couvrent d'entailles.

Puis, une fois les prétendants arrivés au sommet, la belle créature a disparu : à la place, ils la voient au pied de l'arbre. « Qu'attendez-vous pour descendre ? Je suis ici. », renchérit-elle, et quand ils essaient de descendre, toutes les lames pointent cette fois vers le haut. Voilà l'Enfer de la Forêt des feuilles de rasoir.

Après tout, ceux qui recherchent les plaisirs d'ordre matérialiste se voient uniquement comme des entités physiques, alors ces lieux s'efforcent de leur apprendre d'une façon matérialiste que ce qu'ils recherchent n'est pas le « plaisir ». Ils ne pensent pas à ce qui est bien ou mal ; leur unique critère est le « plaisir » ou le « déplaisir ». Même les insectes sont capables d'établir une telle différence, c'est donc ce que ces Enfers sont censés apprendre.

Arrivera un moment où il leur faudra prendre conscience de leurs propres erreurs inhérentes à cette attitude matérialiste avide de plaisirs et où ils devront se rendre compte de la stupidité d'une telle mentalité.

Le plaisir sexuel peut devenir addictif de la même manière que certaines drogues comme la cocaïne. Une fois noyé dans les plaisirs physiques, on devient accro au point qu'il devient impossible de s'en extirper. Il ne restera alors que l'immersion totale, jusqu'au dégoût ;

épaulé par des Esprits-Guides, on en vient alors à penser : « Je veux redevenir une personne décente. ».

Ceux passibles de châtiments variés seront envoyés
faire l'expérience de diverses catégories d'Enfers.
Comme il y a plus d'une seule sorte d'Enfer, c'est un
« préalable pédagogique obligatoire » que de faire l'expérience d'un certain nombre d'Enfers liés aux pires mauvaises actions qui auront été commises. Il semble qu'un
pourcentage croissant de nos contemporains aujourd'hui
se rend dans cet Enfer du désir sexuel.

5. Le plaisir physique et le prix à payer dans l'Au-delà

La maîtrise de soi différencie les humains des animaux

Je souhaite que vous reconnaissiez au moins que les êtres humains sont différents des animaux parce qu'il s'agit là d'un point crucial. On se doit de respecter la dignité de l'autre en tant qu'être humain et, à cet égard, de s'aimer l'un l'autre tels des êtres spirituels, en créant une émulation mutuelle pour progresser. Tant que les humains maintiennent cette compréhension, ils pourront bénéficier d'une certaine latitude pour savourer cette forme de bonheur terrestre qu'offre le plaisir charnel.

Mais les problèmes arrivent si on va au-delà, en agissant de manière animale, à l'instar d'un chien lâché parmi un groupe de chiennes et désireux de les monter l'une après l'autre.

Les Esprits-renards sont communs au Japon. Ces Esprits influencent les femmes qui utilisent leur nature diabolique ou sorcière pour aguicher les hommes et les corrompre, les pousser à commettre un crime ou les faire dégringoler sur la mauvaise pente. Certaines femmes croient que le travail d'une femme est de séduire les hommes, mais celles qui sont obsédées par le fait d'accroître leurs charmes sexuels de tentatrices sont très proches spirituellement de l'Enfer des Bêtes. De fait, l'Enfer de l'Étang de Sang est situé relativement près de l'**Enfer des Bêtes** et ils sont souvent « convertibles » ou interchangeables.

Néanmoins, tous les animaux ne sont pas ainsi. Par exemple, les pandas tombent amoureux pendant deux ou trois jours par an uniquement. Alors, les soigneurs des zoos rivalisent d'ingéniosité pour « marier » leurs protégés durant ce créneau limité. Ils bloquent même l'accès aux visiteurs et ménagent aux pandas un environnement tranquille, dans l'espoir de les voir se consacrer à leur union. Peut-être que les pandas, dont la période de reproduction se limite seulement à deux jours par an environ, sont plus décents que les humains, qui eux restent actifs sexuellement tout au long de l'année.

Dans la poésie japonaise des haikus, il y a une expression saisonnière faisant référence aux « amours de chat » qui renvoie au mois de février. Lorsque les chattes sont en gestation vers février, elles mettent bas vers l'été. L'été semble en effet représenter la période de prédilection pour donner naissance à des chatons et les élever, de par l'abondance de la nourriture et la chaleur du climat. La saison à laquelle les chattes mettent bas est fixée aux alentours de cette période. Durant les autres mois hormis celui de février, elles ne sont pas particulièrement intéressées par le sexe opposé.

De cette manière, il serait erroné de considérer tous les animaux comme des créatures d'un niveau inférieur à celui des humains. Notez qu'il existe des animaux qui ne sont pas en chaleur l'année durant, bien que cela relève plus de l'instinct que de la maîtrise de soi.

Au contraire, les humains peuvent ressentir de l'excitation toute l'année, et c'est pourquoi la maîtrise de soi est nécessaire. On doit choisir le moment juste, l'endroit juste et le partenaire juste.

Il faut se demander : « Est-ce légitime ? Est-ce approprié aux yeux de Dieu, Bouddha ou de mes Esprits-Guides et Gardien ? ».

Le Bouddhisme contient un enseignement lié au caractère « inopportun » ou « intempestif ».

Par exemple, il est acceptable pour un couple marié ou engagé dans une relation sérieuse d'avoir des rapports intimes après le travail, durant leurs heures de détente. Cependant, avoir des relations sexuelles pendant les horaires normaux de travail ou pendant que leurs enfants sont encore éveillés, entraînera des répercussions négatives. D'un point de vue bouddhiste, manquer de choisir le moment propice sera considéré comme un acte répréhensible.

Il en va de même quant au choix du lieu. Le code pénal considère l'exhibition d'objets obscènes et de lubricité en public comme un crime. Ainsi, on ne doit pas faire certaines choses dans un endroit inapproprié.

Certains pourraient objecter : « Où est le problème de se déshabiller dans une boîte à strip-tease parce que c'est justement l'endroit ? ». On pourrait juger l'argument valable, mais cela dépendra du point de vue des forces de l'ordre et de la répression exercée.

Apparemment, la police n'adopte pas de position stricte sur ce sujet parce que des mesures sévères et systématiques peuvent parfois provoquer une surenchère de délits. Il semble donc que la police ait parfois tendance à ménager ce genre de contrevenants, tantôt renforçant tantôt relâchant la surveillance selon les moments.

Bien que l'industrie du sexe possède par elle-même de nombreux aspects infernaux, son élimination totale susciterait une vague d'agressions sexuelles sur les femmes rentrant chez elle après le travail. Alors, la police semble actuellement plutôt bien « maîtriser » la situation.

Mais savoir si la police agit de manière juste ou erronée est une autre question. C'est un point très complexe.

Chérissez votre corps physique comme un « temple sacré » où l'âme demeure

Ne commettez pas l'erreur de penser : « Ce corps physique est à moi. Il est à ma disposition alors il me revient de décider comment l'utiliser. ».

On peut dire : « J'ai des jambes, alors où est le problème si je donne un coup de pied dans un ballon pour jouer au football ? » ou encore : « J'ai des bras alors pourquoi ne pas brandir une batte de base-ball et taper dans une balle ? ». De même, beaucoup de nos contemporains vont raisonner de la sorte : « Les humains ont un droit sur leur propre corps physique, alors je devrais pouvoir m'en servir comme bon me semble. ».

Permettez-moi donc de rectifier ici : votre corps physique vous a été offert par vos parents, alors vous devez vous en montrer reconnaissant. Chacun de vous a généreusement reçu un corps physique : vos parents vous ont donné naissance, en dépensant beaucoup d'efforts et d'énergie pour vous élever.

Très peu de parents élèvent leur progéniture en espérant les voir devenir un jour des criminels. La plupart des parents souhaitent que leur enfant réussisse et soit ainsi capable d'apporter sa propre contribution au monde. Les parents fournissent un travail éreintant, préparent les repas et sacrifient leur sommeil quand leurs bébés pleurent. Malgré ces difficultés, ils élèvent leurs enfants.

On pourra aborder l'âge adulte avec le raisonnement suivant : « J'ai dix-huit ou vingt ans maintenant. Je suis libre d'agir à ma guise. ». Néanmoins, il vous faudra vous montrer attentif à votre manière de gérer le capital physique légué par vos parents. Vous devez vous en servir afin d'être en mesure de donner en retour à la société ainsi que d'assumer la responsabilité de vos actions futures.

Si vous vivez en adulte irresponsable, vous pourriez sans le vouloir causer ou subir une grossesse non souhaitée et causer le malheur de vos enfants. Voilà pourquoi il vous faut prendre conscience de votre responsabilité à ce niveau.

En outre, s'il est exact que votre corps physique vous a été légué par vos parents, il ne faut surtout pas oublier le principe sous-jacent : « Dieu ou Bouddha existe. Il existe un endroit appelé le Monde Spirituel avec un système de réincarnation. Les humains ont reçu la possibilité de se réincarner. ».

En conséquence, la philosophie existentialiste est par essence fausse. Certains individus ont pu se draper dans une attitude de victime avec des déclarations de ce type : « J'ai atterri dans ce monde par hasard. On ne choisit pas ses parents et je suis né dans une famille tellement horrible. ». Mais la vérité est que chacun est au courant de l'endroit où il va naître avant de s'incarner. Si vous décidez de venir au jour dans un environnement difficile, cela signifie que vous avez un certain défi à surmonter pour votre entraînement spirituel. Soyez-en bien conscient.

Je veux que vous chérissiez et preniez bien soin de votre corps physique en vous répétant : « Mon corps est un « temple sacré » pour abriter mon âme. ». Il n'est ni bon ni mauvais en lui-même. Si on utilise un couteau correctement, par exemple pour cuisiner ou peler un fruit, on peut aussi le transformer en arme capable de tuer quelqu'un. Ainsi, un corps physique peut devenir bon ou mauvais selon la mentalité de la personne qui s'en sert.

Les droits de l'homme en ce monde n'ont pas cours en Enfer

De nos jours, le nombre d'individus LGBTQ connaît une forte expansion dans le monde, surtout au sein des démocraties occidentales. Ils prétendent défendre les droits de l'homme. Comme davantage d'âmes de ces personnes « LGBTQ » retournent à présent dans l'Au-delà, j'ai examiné ce qu'elles sont devenues là-haut. Malheureusement, l'avancée actuelle de mes recherches atteste qu'en Enfer, la notion de « droits de l'homme » revendiquée par nos contemporains n'est pas prise en compte.

J'ai mentionné précédemment l'Enfer de la Forêt des Feuilles de Rasoir. Ceux dont le profil correspond naturellement à ce type d'Enfer pourraient se retrouver pourchassés à travers de nombreuses zones, au sol hérissé d'épées. Or, de nos jours, il existe aussi des sortes d'Enfer plus modernisées. Les opérations chirurgicales sont à présent répandues, alors des outils similaires à ceux utilisés par des médecins sont utilisés en Enfer. Par exemple, dans un Enfer de type hospitalier, un corps sera découpé à la scie électrique ou ouvert au scalpel dans le service de chirurgie.

Le fait que cet Enfer existe montre que même certains docteurs et infirmiers ont oublié leur véritable mission et vivent en proie au mal. Il y a des médecins débordant de malveillance parmi ceux qui dirigent des hôpitaux. Tous les membres du personnel médical ne sont pas des Anges, et certains d'entre eux se retrouvent dans un Enfer de type hospitalier où ils continuent à perpétrer leurs sévices.

Je sens ainsi que les temps évoluent en ce moment.

D'ailleurs, il existait autrefois l'**Enfer des Cordes noires**. Les cordes noires sont des ficelles passées à l'encre que les menuisiers utilisaient pour couper un morceau de bois afin d'en faire un pilier : sur un bord du bois, on place un morceau de ficelle trempée au préalable dans une encre sombre, qu'on tend alors jusqu'à l'autre côté. Il suffira ensuite d'ôter la ficelle d'un coup sec, pour laisser une ligne nette le long du bois. Le menuisier est alors capable de scier le bois avec précision en suivant la ligne.

Mon grand-père était menuisier dans les temples, et apparemment, il maîtrisait bien cette méthode. Son nom était Genzaemon, et j'ai souvent entendu des gens faire la remarque suivante : « Il n'y a pas un seul espace vacant dans les marquages à l'encre de Gen-san. Il réussit toujours à dessiner des lignes droites parfaitement nettes. ».

Dans l'Enfer des Cordes noires, cette technique est utilisée pour charcuter les corps humains ; les cordes encrées sont durement assénées sur le corps d'un Esprit. Ce genre de cordes apparaissent aussi dans les films de *Jiangshi*, inspirés des histoires orientales de morts-vivants, où on les utilise en fait pour découper les corps humains.

Cet Enfer existait jadis, mais aujourd'hui sont apparus de nombreux Enfers liés aux hôpitaux. Même à l'heure actuelle, les gens se promènent parfois la nuit dans des endroits hantés, comme des hôpitaux abandonnés ou désaffectés, pour faire des expériences d'horreur. Ces hôpitaux ont commencé à apparaître en Enfer pour être utilisés comme des lieux de punition.

Donc, voici ce dont je souhaite vous faire part : « Vous êtes libre d'affirmer vos droits d'être humain dans ce monde, mais si vos actes vont trop loin, vous perdrez complètement vos droits humains dans l'Au-delà. C'est pourquoi il serait sans doute préférable pour vous d'arrêter de le faire dès maintenant. ».

La liberté est importante. Pour primordiale qu'elle soit, elle s'accompagne toujours de responsabilité. Il vous faut considérer le point suivant : « Qu'adviendra-t-il à la société si chacun vit la liberté sur un mode similaire au mien ? ». Si la société s'écroule et que l'ordre social est troublé parce que tous ses membres sont en train d'agir comme vous le faites vous-même, alors ce n'est positif pour personne.

C'est une approche un peu kantienne, mais si vous estimez que la société s'améliorera une fois que tout le monde autour de vous aura copié vos pratiques, c'est que cette liberté est permise. Cependant, si chacun effectue certaines actions en pensant être le seul à y être autorisé, alors que si tout le monde faisait de même, les problèmes se multiplieraient, alors ces actes devront être considérés comme criminels et surtout se voir déconseillés à tous.

C'est le principe de la « maxime ». On doit se comporter d'une manière dont il est acceptable que les autres personnes s'inspirent. De même, il faut s'abstenir de tout acte qu'il ne serait pas souhaitable que les autres imitent.

L'utilisation de drogues et de stimulants fait toujours l'objet d'une régulation stricte et constitue un crime au Japon, alors que dans de nombreux pays, la loi est moins sévère. Souvent, les drogues et stimulants divers servent de sources de financement pour certains pays ou organisation criminelle.

Comme je l'ai souligné plus tôt, on peut tenir ce genre de discours : « Mon corps est à moi, alors où est le problème d'ingérer des drogues et des stimulants ? Que je vive longtemps ou meure jeune, c'est mon choix. » C'est peut-être une opinion, mais les gens se laissent facilement influencer, et donc l'usage de stupéfiants se répand toujours. Demandez-vous donc : « Qu'adviendra-t-il à la société si d'autres agissent de même ? Qu'arrivera-t-il à la prochaine génération et à la suivante ? ». Alors, vous prendrez conscience qu'il vous faut arrêter de faire ce qui est indésirable pour la société.

6. Votre foi, pensées et actions seront certainement jugées après la mort

Il est difficile de se montrer exhaustif sur l'Enfer ; pour l'essentiel, toutes choses liées au crime seront jugées en Enfer. De surcroit, ceux qui auront échappé aux lois terrestres sans avoir été reconnus coupables ou considérés comme auteurs d'un délit selon le code civil pourront être jugés en Enfer.

C'est pour cela que la « foi » et les « pensées » sont primordiales. Vous devriez réfléchir sur vous-même en examinant principalement les Six Passions illusoires : avidité, colère, ignorance, orgueil, doute et vues erronées.

Il vous faut également réfléchir sur vos « actes ». Ceux qui ont eu de nombreux gestes pour blesser la nature divine ou nature de Bouddha des autres ne sont pas facilement pardonnés. Après vous en être repenti de votre vivant même, amendez-vous et efforcez-vous de devenir une personne différente.

Il m'était impossible de tout traiter, mais voilà la réalité de l'Enfer. Le jugement rendu par Yama est absolument réel, même si son style peut différer d'un pays à l'autre.

Il pourra apparaître sous la forme d'un juge dans certains endroits ou d'un haut-fonctionnaire dans d'autres ; le style de jugement peut ainsi varier selon le pays, mais en général, on ne coupe pas à cette étape.

D'ailleurs, il y a une religion (Seicho-no-Ie) qui affirme la chose suivante : « Tout enfant qui décède avant l'âge de sept ans est un Esprit supérieur. », ce qui n'est absolument pas vrai.

Les jeunes enfants qui décèdent avant de pouvoir jouir d'une pensée autonome finissent souvent par devenir des Esprits égarés. Ils ne savent pas quoi faire parce qu'on ne le leur a jamais enseigné.

Depuis les temps anciens, les enseignements du Bouddhisme répètent : « Les âmes des enfants défunts empilent des pierres au bord d'une rivière. ». En effet, il existe un Enfer où les âmes des enfants décédés jeunes qui se sont égarées se rassemblent. Les Anges viennent effectivement rendre visite à ces enfants mais ils ont du mal parce que les enfants ne peuvent pas comprendre leurs mots. Voici la réalité.

L'avortement est une pratique courante, et dans certains cas, on ne peut l'empêcher parce que donner naissance dans certaines conditions pourrait élargir la zone de l'Enfer. Mais en principe, on doit être conscient qu'une âme réside dans le fœtus, de sorte que si on le tue par un avortement ou par d'autres moyens, il faudra bien étudier et comprendre la Vérité de Bouddha pour lui offrir une prière de salut.

Il y a un groupe d'avocats qui affirment que « les messes en l'honneur des bébés morts sans avoir pu voir le jour constituent une imposture spirituelle » et ce point pourrait s'avérer fondé si l'office était uniquement effectué dans une logique mercantile. Or, la vérité est que certains enfants ne savent pas quoi faire après leur mort, alors ils ne pourront compter que sur leurs parents. En ce cas, il importe d'organiser pour eux une messe en leur mémoire. Mais si la cérémonie est dirigée par un religieux athée et matérialiste effectuant ce rituel à de seules fins lucratives, alors ce dernier devra être considéré comme un charlatan. Pourtant, étudier la Vérité et fournir des orientations à ceux qui sont décédés à un très jeune âge est majeur.

De plus, en général, c'est une qualité humaine de rendre hommage aux morts de façon appropriée, que ce soit en leur préparant une tombe ou d'une autre manière.

Depuis que l'économie est entrée en récession, ces coutumes ont diminué. Un nombre croissant d'individus choisissent de n'en faire qu'à leur tête, tout comme de répandre leurs cendres en mer ou de les enterrer au pied d'un arbre. Je ne veux pas dire par là que toutes ces pratiques sont nocives, mais si elles signent l'aboutissement d'un mode de pensée matérialiste, les gens devraient y réfléchir deux fois avant de les adopter.

Construire des tombes et célébrer des funérailles sont les moyens culturels dont disposent les êtres humains pour continuer à affirmer, au-delà des générations, la Vérité que l'Au-delà est réel et existe vraiment. Il vous faut donc accorder de la valeur à cette tradition.

Voilà qui conclut ce chapitre.

CHAPITRE III

Malédictions, sorts et possession

*Comment maîtriser votre esprit
afin de ne pas tomber en Enfer*

1. Malédictions, sorts et possession vous mènent en Enfer

Votre destination sera-t-elle le Ciel ou l'Enfer ? Tout dépend de votre mode de vie actuel

Je présente des conférences sur l'Enfer et dans ce chapitre je voudrais limiter le sujet à des thèmes précis pour évoquer les malédictions, sortilèges et possessions : ce sont également des points reliés au domaine religieux dans son ensemble.

Je suppose que la majorité des gens raisonnent en général selon les modalités suivantes : « L'Enfer est un sujet auquel je songerai après mon décès. » ou encore : « Je n'aurai qu'à réfléchir à ce qu'il faut faire, un fois là-bas. ». Néanmoins, le mode d'emploi n'est pas si simple. Il est en effet nécessaire d'y accorder de la réflexion tant qu'on se trouve encore en vie.

Le fait d'aller au Ciel ou en Enfer n'est pas une question qui se pose soudainement, à notre décès. On peut vraiment deviner la destination qui sera la nôtre d'ici quelques années ou quelques décennies, rien qu'en examinant notre vie présente, y compris notre condition physique et surtout notre manière de vivre spirituelle, assortie de notre attitude mentale.

Le terme *hyo-i* (possession) est communément employé dans la religion, de sorte que la plupart de mes lecteurs seront sans doute familiarisés avec cette notion, mais en règle générale ceux qui ne sont pas impliqués dans la religion pourraient remarquer qu'ils n'en ont jamais entendu parler ou qu'ils en ignorent tout. Même les personnes telles que les présentateurs des journaux télévisés au courant de sujets variés pourraient sans doute se demander : « Qu'est que *hyo-i* ? «

On s'écarte un peu du sujet, mais en japonais les idéogrammes pour écrire le mot *hyo-i* (憑 依) sont complexes. Difficiles à écrire, ils ne font probablement pas partie des kanjis déclarés officiels pour l'usage courant (*toyo kanji*).

Durant ma première année à l'université, j'ai suivi un cours sur la théorie relative au processus politique. Un professeur nommé Jun'ichi Kyogoku écrivait le mot *hyo-i* (憑依) au tableau en le prononçant "*hyo-e*", ce qu'il a continué à faire durant l'année entière. J'ai délibéré intérieurement pour savoir si je devais ou non le corriger mais finalement, je n'ai rien dit. Il avait dû prononcer le caractère de cette manière depuis des décennies, alors j'ai estimé que c'était à lui seul d'endosser la responsabilité de son erreur. J'aurais sans doute corrigé mon professeur si j'avais été lycéen ou collégien.

En dépit des effectifs universitaires beaucoup plus nombreux, comprenant plusieurs centaines d'élèves, pratiquement personne n'a réagi. J'en déduis qu'aucun des étudiants ne connaissait le mot et qu'ils ont probablement pensé être en train d'apprendre un nouveau mot de vocabulaire.

Le professeur a lu le mot de manière incorrecte, ce qui m'a donné l'impression qu'il n'avait pas étudié la religion. Si on prend son sens littéral, on pourrait le lire de la même façon que lui, mais *hyo-i* est bien la prononciation correcte, signifiant « posséder » ou « hanter ». On rencontre ce thème dans les films et émissions de télévision en lien avec l'occultisme.

*La différence entre malédiction (*curse, *en anglais) et sort (*spell, *en anglais)*

Ce chapitre entend couvrir deux concepts : malédiction, ou sort, et possession. Quel est le lien entre les deux ? Vous pouvez être maudit ou faire l'objet d'un sortilège par de nombreuses personnes de votre vivant.

Quelle est la différence entre une malédiction et un sort ? Je ne suis pas certain de la connotation exacte de chacun de ces mots en anglais, mais d'après ma propre expérience, une « malédiction » (*curse*) peut être provoquée pour des sujets bénins.

Il y a longtemps, je suis allé acheter une pastèque dans une épicerie. J'ai demandé au propriétaire : « Cette pastèque-est-elle mûre ? ». Il m'a crié dessus : « Comment le saurais-je ? Les choses seraient tellement plus faciles si je savais ça ! ». Je me rappelle m'être senti offensé d'avoir essuyé sa violence verbale. Ce niveau d'insulte constituerait probablement une « malédiction ».

Alors, qu'en est-il du sort (*spell*) ? Dans notre film précédent (***Dans les rêves… et les expériences terrifiantes***, d'après une idée originale de Ryuho Okawa, sorti en 2021), il y a une scène où une femme à la longue chevelure noire et portant un kimono blanc cloue une poupée de paille à un arbre dans les bois. Ce niveau d'hostilité relève du « sort » (*spell*), selon moi. J'ai l'impression qu'un sort est le souhait intense d'envoyer une autre personne en Enfer de manière systématique.

Je ne suis pas sûr que ma compréhension soit correcte. Même un professeur d'université anglophone ne connaîtrait pas forcément la différence ; ils ne sont probablement pas très versés dans ce genre de sujets. Après tout, il s'agit de la façon dont les personnes impliquées dans le domaine de la religion utilisent les mots ; dans mon cas, c'est bien ma manière d'appréhender cette notion.

Donc, si vous proférez des mots négatifs envers quelqu'un lors d'une dispute courante, il s'agirait plutôt d'une « malédiction » (*curse*).

Quand j'étais plus jeune, j'ai visité la Grèce pour faire des recherches concernant ma série de livres sur Hermès (*L'amour souffle comme le vent*, en quatre volumes).

Je pense n'avoir pas encore atteint la quarantaine à l'époque : j'habitais à Nishi-Ogikubo dans l'arrondissement de Suginami, à Tokyo. À mon retour de Grèce, affamé je suis entré dans un restaurant de sushi du voisinage. Pendant que je mangeais mes sushis, le chef m'a demandé : « Vous semblez hâlé. Avez-vous voyagé quelque part ? ». Je lui ai donc répondu : « Je suis allé en Grèce. ».

Il a alors ajouté : « Ah, un voyage en Grèce si jeune. Je suis sûr que ça va gâter vos dernières années. ». Il voulait dire par là que mes années à venir n'allaient pas être terribles si je me trouvais déjà à gaspiller de l'argent dans des voyages à l'étranger. D'habitude, ce n'est pas le genre de remarque qu'on sert à un client, mais je suppose qu'il était un peu jaloux. Encore aujourd'hui, je me rappelle ce commentaire.

L'anecdote s'est produite il y a plus d'une trentaine d'années, disons il y a trente-deux ou trente-trois ans.

On pourrait dire que c'est un peu snob de la part d'un jeune homme de voyager en Grèce. Je pense que le chef était plus âgé que moi, mais sa remarque laissait entendre qu'il ne pouvait se permettre le luxe de ce genre de voyage. Franchement, je travaillais sur une série de livres consacrés à Hermès et j'avais besoin de me rendre là-bas. Voilà la raison pour laquelle je me suis rendu en Grèce, ce qui m'a permis d'écrire cet ouvrage. Pourtant, il m'avait adressé cette remarque.

En tant que client juste venu s'offrir un repas, on m'a asséné que mes années à venir allaient être ratées ; c'était comme si j'avais été maudit. Le fait que je raconte l'anecdote encore maintenant montre bien que sa malédiction continue toujours à me hanter, à un certain niveau.

Maudire quelqu'un peut inclure des sentiments tels que la jalousie. La jalousie et l'envie peuvent ne pas être ses sentiments très profonds ou sérieux, mais elles constituent des réactions négatives qui surgissent en tant qu'émotions humaines élémentaires.

C'est pourquoi il est particulièrement difficile de s'empêcher de dire ce qui remonte ainsi. Une fois la remarque lâchée, vos sentiments négatifs hanteront votre interlocuteur comme s'il était enduit de glu. Voilà la nature d'une malédiction.

Les exemples de sorts que j'ai reçus venant d'autres groupes religieux

En termes de sorts, on peut ressentir des pensées telles que : « Je ne lui pardonnerai jamais. Qu'il crève donc ! ». Quand la haine s'intensifie à ce point, elle donne lieu à un sort.

Précédemment, j'ai donné l'exemple d'une malédiction : cette remarque qu'on m'avait faite lorsque j'avais mentionné mon voyage en Grèce, disant que mes dernières années allaient être gâtées. Mais par le passé, j'ai également essuyé quelques sorts.

Cas 1 : un sort mortel émanant d'un groupe religieux localisé dans la ville de Tachikawa

Ceci s'est produit à la même époque environ que celle de ma première anecdote, en 1990. À ce moment-là, j'ai souvent donné des conférences dans la salle Yokohama Arena, qui a une capacité d'accueil de dix mille personnes. Nous avons commencé à préparer la salle le jour précédant la conférence parce qu'il nous fallait tout construire, de l'estrade aux ailes de la salle d'attente. Nous nous sommes offert les services d'une entreprise qui connaissait bien le travail de menuiserie de cette salle.

Puis, j'ai entendu l'histoire suivante rapportée par l'un de mes secrétaires. Mes secrétaires d'alors me racontaient tout sans filtre, que ce soit approprié ou non. Les voilà donc me confiant ce qu'ils avaient entendu, alors même que c'était juste avant ma conférence.

Apparemment, l'entreprise en question avait effectué un travail pour un groupe religieux situé dans la ville de Tachikawa quelques temps avant. Lorsque ce groupe religieux a entendu dire que j'allais venir présenter une conférence là-bas juste après eux, ils se seraient exclamés : « Comment ose-t-il ! Jetons-lui un sort mortel. ». L'entrepreneur a dit que le groupe était en train de procéder à une cérémonie rituelle dans leur *dojo* (espace dédié à des exercices spirituels) pour jeter sur moi un sortilège de mort.

J'ai regretté qu'ils m'aient informé de ce point juste avant la conférence parce que la nouvelle n'a en rien concouru à mon bien-être. Mes secrétaires d'alors avaient sans doute tenu le raisonnement suivant : « Il faut qu'on prévienne Maître Okawa. On ne peut pas le laisser mourir ainsi sur son estrade. On devrait lui dire afin qu'il puisse se prémunir contre eux. ».

Lorsqu'on m'a mis au courant de la situation, j'ai pensé : « Quoi ? Me jeter un sort pour me tuer ? Allez-y si vous vous en croyez capables. ». Mes secrétaires ont accompli leur devoir en venant me rapporter ce fait, et parce que le groupe me ciblait activement, je n'ai eu d'autre choix que de repousser leur sort. Ils priaient : « Nous anéantirons sa conférence ! ». Alors, je me suis dit : « Je repousserai ce sort ! ». Je ne me souviens pas de quelle conférence il s'agissait, peut-être « L'amour est infini » ou une autre que j'ai donnée à la même époque.

Après la conférence, on m'a rapporté plus de détails. Les gens de ce groupe religieux fulminaient : « Pourquoi ne meurt-il pas ? La plupart des gens meurent lorsque nous leur jetons un sortilège de cette ampleur. ». J'ai entendu cette histoire après avoir terminé avec succès ma conférence, sain et sauf. Je ne suis pas sûr du nombre de participants à cette prière mortelle, une dizaine ou une vingtaine, mais ils semblaient s'interroger : « Pourquoi ne s'effondre-t-il pas ? Normalement, la personne décède, fait un malaise ou est envoyée à l'hôpital immédiatement lorsque nous lui jetons un sort avec autant de membres. ».

Voilà donc un parfait exemple de « sort » (*spell*). C'est un type de malédiction beaucoup plus méchant et vicieux. Il était clair qu'un diable était impliqué dans l'histoire.

Cas 2 : un sort jeté par un courant du Bouddhisme ésotérique à Kyoto

J'ai essuyé un autre sortilège à Kyoto. La chaîne locale KBS (Système de Diffusion de Kyoto) proposant un espace auditorium, j'ai loué un jour cet endroit pour y tenir un séminaire devant quelques centaines de personnes. Durant mon séjour à Kyoto, je suis ainsi devenu la cible d'un sortilège.

Le groupe situé dans la ville de Tachikawa, dont j'ai parlé précédemment (Shinnyo-en), se fonde sur le Bouddhisme ésotérique et il existe un autre groupe similaire situé à Kyoto. Son fondateur est déjà décédé, mais il a accru sa notoriété dans les années soixante-dix, une décennie environ avant la création de Happy Science.

Le fondateur était plus âgé que moi et avait dirigé son groupe pendant longtemps, mais il n'avait pas réussi à faire beaucoup d'adeptes pendant un certain temps. Je pense que sa femme était dentiste et que c'était elle qui subvenait à ses besoins pour qu'il soit en mesure de diriger son groupe durant plusieurs décennies.

Mais un beau jour, ses livres comme *Astrologie boudd-histe ésotérique* sont subitement devenus des best-sellers. Il faisait des déclarations fracassantes, comme : « Le Bouddhisme ésotérique peut changer votre destinée. » et « Si on a eu de mauvais parents, il faut couper le karma entre les parents et l'enfant. ». Sur le modèle de la pratique de la Circumambulation de mille jours, il a instauré une « Pratique de méditation assise de mille jours », affirmant par exemple : « Si on médite dans une posture assise particulière pendant mille jours, on devient capable de couper les liens spirituels toxiques entre parents et enfant pour améliorer son destin. ».

Il a également popularisé certaines expressions telles que : « Changez de chaîne. ». Il a simplifié l'enseignement avec ce genre de formulations : « Vous n'avez qu'à changer de chaîne ; alors, votre longueur d'ondes s'ajustera à une fréquence différente et votre vie changera. ». Ceci s'apparente beaucoup à l'idée qu'on puisse instantanément atteindre l'état de Bouddha durant son existence. Il a ainsi enseigné : « Il suffit juste que l'esprit modifie sa chaîne de réception pour pouvoir instantanément devenir surhumain. ». Son groupe a alors gagné beaucoup plus d'adeptes et a connu le succès, dans une certaine mesure. Certains de leurs membres travaillaient pour une agence de publicité, permettant au groupe de bénéficier d'aide venant de professionnels.

Les membres de ce groupe religieux semblaient me vouer rancune et ils tentèrent de me jeter un sort mortel. En apprenant la nouvelle de ma venue à Kyoto, ils m'ont jeté un sort, mais mon séminaire s'est terminé sans la moindre anicroche. J'ignore comment, mais il se trouve que j'ai appris plus tard que le fondateur s'était exclamé : « Pourquoi n'est-il pas mort !? Quiconque reçoit de ma part un sortilège devrait mourir. ». (Le nom du groupe est Agon Shu, une secte bouddhiste fondée sur les Soutras Agama, connue également sous l'appellation de « Bouddhisme ésotérique Kiriyama ».)

Les groupuscules néfastes issus du Bouddhisme ésotérique fonctionnent souvent ainsi, de manière similaire au vaudou. Les participants ont la capacité de jeter des sorts mortels ; ils sont probablement en mesure de le faire parce qu'ils sont persuadés que leur cible est un diable. Néanmoins, j'ai appris ultérieurement que le sort était revenu à l'expéditeur et qu'il s'était écroulé au beau milieu d'un rituel.

Votre esprit s'harmonisera à l'Enfer s'il émet constamment des vibrations négatives

Si la personne ciblée présente réellement un cœur mauvais, s'efforçant de faire de ce monde un lieu atroce, une malédiction ou un sort pourra, de fait, l'abattre. Dans ce cas, le sort ne sera pas repoussé et sera suivi d'effets. Mais si la personne ciblée rivalise d'efforts sérieux et diligents pour progresser dans son cheminement spirituel, alors le sort sera effectivement contré.

Ceci s'appelle : « la méthode du miroir », la contremesure essentielle à un sortilège.

Plus on vit longtemps et plus on est susceptible de s'attirer des haines et des jalousies de personnes diverses ou de les blesser verbalement sans en avoir l'intention. En de tels moments, pour éviter de plonger aveuglément dans les difficultés, il est nécessaire de se tenir toujours prêt à repousser les malédictions et les sorts afin de garantir sa protection.

Si vous réagissez à la colère par la colère dans une configuration où les deux camps ripostent sans désarmer, la situation ne pourra que se dégrader davantage. Pareil cas de figure se produit souvent dans la violence ou les disputes domestiques : lorsqu'on fait preuve de violence verbale envers son partenaire, le partenaire répond, provoquant l'escalade. Plus on se dispute et plus l'autre en face réplique, entraînant bientôt une violence physique. L'affrontement démarre à coups de poing et de pied et, une fois arrivé à ce stade, l'un peut sortir un couteau de cuisine tandis que l'autre se met à lui balancer des casseroles et des poêles. C'est une histoire réelle : voilà comment les conflits en arrivent à gagner de l'ampleur.

Il est donc crucial de ne pas prendre trop à cœur les paroles négatives. Le fait de conserver des rancunes contre quelqu'un, de le maudire ou de s'emporter contre lui pourra causer des perturbations dysharmonieuses non seulement au sein de notre propre cœur mais aussi chez l'autre personne. Si votre esprit se trouve ainsi perturbé et que cet état perdure et donc, en d'autres termes, si votre cœur émet constamment des fréquences négatives, votre esprit se calera graduellement au diapason d'un royaume de l'Enfer où se trouvent rassemblés les Esprits possédant des vibrations identiques aux vôtres.

Certains Esprits sont même incapables d'aller en Enfer mais continuent à errer dans ce monde, à la recherche de personnes dotées d'une mentalité similaire. Conformément à la Loi de l'attraction, lorsqu'une personne vivante émet des pensées similaires à celles des Esprits en Enfer ou à celles des mauvais Esprits ou encore des Esprits malfaisants errant sur terre, ces derniers seront attirés vers elle comme par un aimant.

S'il ne s'agit là que d'un sentiment passager qui se dissipe rapidement, alors les Esprits ne pourront pas posséder cette personne longtemps. Comme la surface d'un lac dans lequel on jetterait une pierre, au début des vaguelettes se forment mais après un moment, les remous s'apaisent et les ondulations disparaissent : ainsi peut-on réussir à repousser les Esprits. Mais si on continue à jeter des pierres dans le lac sans arrêt, l'eau reste toujours troublée ; de même, votre cœur pourra-t-il se trouver en perpétuel état d'agitation.

Si vous émettez constamment des fréquences négatives houleuses, vous vous trouverez sur la même longueur d'ondes que des Esprits présentant une mentalité semblable, même sans être conscient du genre de vibrations que vous émanez, dans une dimension spirituelle. Pour utiliser l'expression mentionnée précédemment « changez de chaîne », votre « chaîne » sera ajustée à la fréquence d'Esprits similaires et ils viendront à vous.

2. Les Trois Poisons de l'esprit qui vous mettent en lien avec l'Enfer : Avidité, Colère et Ignorance

Avidité : les légendes japonaises avertissent du danger des désirs excessifs

Pour continuer sur le sujet des pensées négatives, comme je le répète souvent dans mes enseignements, celles qui reviennent le plus sont les **Trois Poisons de l'esprit : Avidité, Colère et Ignorance.**

L'avidité signifie nourrir un désir excessif. Le vieux couple cupide des légendes japonaises en constitue un exemple parfait. Bien souvent, les légendes décrivent le châtiment auquel doit faire face une personne remplie d'avidité.

Par exemple, dans l'histoire intitulée *Hanasaka-jisan* (litt. Le vieil homme qui fit fleurir les fleurs), le chien d'un couple âgé aboie sans arrêt dans leur cour, si bien que son maître finit par creuser l'endroit où le chien aboie et y trouve de nombreux trésors. En entendant la nouvelle, leurs voisins, un vieux couple cupide, leur demandent de leur prêter le chien. Rempli d'avidité, le vieillard s'empare du chien par la force et le pousse à aboyer. Le chien se met à aboyer avec réticence. Or, en creusant à cet endroit, il ne déterre aucun trésor mais, à la place, des choses sans valeur accompagnées de créatures monstrueuses. Le vieillard cupide s'emporte et tue le chien qu'il avait emprunté.

Les propriétaires du chien enterrent leur chien chéri et lui font une tombe. Puis, un arbre pousse à cet endroit, et lorsqu'ils l'abattent, le brûlent et en répandent les cendres autour de cerisiers aux fleurs fanées, un miracle se produit : les fleurs s'épanouissent, une à une.

Intrigué, le seigneur du coin vient à passer par là et récompense le vieil homme qui avait fait refleurir les cerisiers. Son voisin avide dit : « Moi aussi, je peux facilement les faire refleurir. », ce qu'il s'efforce de faire. Mais cette fois, les fleurs ne s'épanouissent pas et le vieillard cupide est puni.

Ce conte nous montre que, depuis les temps anciens, il est communément admis que ceux qui font preuve de désirs excessifs recevront dans ce monde une punition sous une forme quelconque ou, plus exactement, qu'un genre de punition divine devait les attendre selon la Loi de cause à effet.

Donc, se montrer avide est un vice. La cupidité est considérée comme le vice donnant naissance à des maux divers. C'est généralement vrai. Il n'y a rien de mal tant qu'on mène un train de vie approprié, mais certains aspirent à plus qu'ils ne méritent.

Je viens d'exposer le conte sur le miracle auquel avait assisté le vieux couple cupide de voisins, mais il en irait de même avec la loterie. Le simple fait d'apprendre que le voisin d'à-côté a remporté le gros lot pourrait tout à fait déranger les esprits. Une partie de vous peut très bien se dire : « Pourquoi ne pourrais-je pas gagner ? ». Et vous pourriez être tenté de déverser votre frustration sur quelqu'un ou quelque chose. L'avidité ressort de cette façon sous diverses formes.

*La cupidité et le besoin de faire le mal tel qu'on les voit
parmi d'anciens et de futurs élèves d'écoles prestigieuses*

Certaines personnes pourraient s'embraser de jalousie
rien qu'en voyant d'autres personnes obtenir de bonnes
notes dans leurs études.

Par exemple, le prestigieux Lycée Kaisei organise
chaque année un célèbre évènement sportif, et je suis un
jour tombé sur un article dans un journal disant qu'un
incendie s'était déclaré durant l'évènement, dans la salle
où étaient rangés les équipements d'éducation physique.
Un camion de pompiers fut appelé et il s'avéra que le
responsable était un ancien du Lycée Kaisei. De par
sa seule admission à Kansei, il s'était vu promettre un
avenir pavé de succès mais les évènements n'avaient pas
tourné pour lui de la manière espérée. En croisant les
étudiants qui participaient à l'évènement sportif, il avait
donc ressenti le besoin de démarrer un feu afin de déclencher une crise. Je me souviens d'avoir pris connaissance de ce fait divers, il y a longtemps.

Je me rappelle aussi cette autre histoire. Dans le passé,
les cours préparatoires à l'université étaient très deman-
dés, bien que je ne sois pas certain que ce soit toujours
le cas. De nos jours, comme il y a moins d'enfants, la situation est sans doute différente de celle du passé. Mais
auparavant, il n'y avait pas assez d'universités et d'écoles
pour accueillir tous les postulants et la construction de
nouveaux établissements ne suffisait pas à pallier le problème. C'est ainsi que la moitié des étudiants environ
devait étudier une année supplémentaire pour réussir

l'examen d'entrée l'année suivante. Cette situation dura pendant assez longtemps.

Parmi les cours préparatoires à l'université, Sundai était réputée placer de nombreux élèves dans les universités les plus sélectives du Japon. Les meilleurs éléments de ce cours préparatoire étaient inscrits au « programme du matin », qui assurait des préparations aussi bien dans les matières littéraires que dans les sciences. Environ la moitié des étudiants assistant à ce cours furent acceptés à l'Université de Tokyo.

Un étudiant a dit un jour qu'il ressentait une forte envie de jeter une bombe sur ce bâtiment. Il disait que si le bâtiment explosait, ente deux et trois cents étudiants qui s'apprêtaient à entrer tout droit à l'Université de Tokyo mourraient, ménageant ainsi davantage de places vacantes et diminuant d'autant la concurrence de l'admission à l'université.

Voilà également un problème qui relève de l'avidité. Ou peut-être n'est-ce pas seulement de l'avidité mais également un mélange entre colère et ignorance, sujets qui sont les prochains sur la liste.

Colère : Que faire lorsqu'on bouillonne de colère parce qu'on ne peut pas gagner

Ensuite, vient la colère ou le fait de perdre son calme. En général, les gens se mettent en colère ; il en va aussi de même pour les animaux. Les animaux ripostent contre tout ennemi qui le prendrait pour proie et l'attaquent.

Une bataille entre un chien et un chat est un vrai spectacle. Lorsque le chien aboie, le chat fait le gros dos : son poil et sa queue se hérissent et il crache. Le chat se sait physiquement inférieur au chien, alors il attend le bon moment pour lui porter le coup fatal ; il devient tendu, prêt à griffer la truffe du chien lorsque ce dernier viendra l'attaquer. Le chien en est également conscient alors il ne peut rien tenter tant que le chat n'abaisse pas sa garde. C'est très similaire à un match serré de kendo. Parfois, l'un des deux se mettra soudain à détaler, s'il sent qu'il ne pourra rivaliser avec l'autre.

Une telle dynamique se reproduit aussi dans la sphère des relations humaines. Où la concurrence règne, le fossé se creuse entre supérieurs et inférieurs. Certains en viendront à nourrir ce genre de pensées : « Je veux anéantir les autres. », « Je veux être le seul gagnant. » ou « Je veux lui prendre sa place. ». La colère est un sentiment qui émerge naturellement et qui ne cessera pas à moins de connaître la Vérité spirituelle.

Prenons, par exemple, un casting pour un rôle féminin. Beaucoup de belles femmes viennent auditionner, alors certaines peuvent s'irriter et penser : « Il est impossible que je puisse obtenir ce rôle avec tant de candidates. ».

Même une actrice célèbre qui a gagné un Oscar a dit : « Dans une audition, on voit défiler une centaine d'autres postulantes toutes aussi jolies que soi. Je suis allée à une centaine de castings et j'ai échoué une centaine de fois. ».

Telle est, apparemment, l'expérience qu'a connue l'actrice ayant joué le rôle de Gwen dans *The Amazing Spider-Man* (Emma Stone). Même quelqu'un comme elle, distinguée par un Oscar, a dit avoir auditionné une centaine de fois et s'être fait recaler à chaque fois lors de ses débuts. Ceci signifie qu'il existe déjà dans le monde de nombreuses jeunes femmes également charmantes ou belles, et qu'il est facile d'en rassembler une centaine. La concurrence est donc sévère.

En de tels moments, il importe de maintenir la paix dans son esprit et de continuer à s'améliorer et à s'entraîner au lieu de céder simplement à l'envie, au ressentiment ou à la colère envers les autres. Mais ce n'est pas une chose facile à faire.

Le monde ne tourne pas autour de vous, et tout ne réussira pas pour vous et uniquement pour vous. D'autres individus luttent également pour leur propre réalisation, réussite et bonheur. Il est difficile de savoir quel « lot » vous pourriez remporter, comme dans une loterie ; vous ne saurez ce qui est juste ou approprié pour vous qu'après avoir vécu vous-même vos expériences de vie.

Il y a aussi des moments où vos efforts ne portent pas leurs fruits. Vous rencontrerez certainement une telle période, mais il vous faudra vous répéter qu'il s'agit d'une période de test. Quand vos efforts n'aboutissent pas, vous êtes mis à l'épreuve pour voir si vous allez abandonner ou non.

Le taux de réussite peut être d'un sur des dizaines, centaines ou même milliers, alors plus les gens abandonnent, moins la concurrence sévit. C'est aussi un

bienfait car les concurrents n'auront pas besoin de rivaliser à mort.

Certaines personnes finiraient par jeter l'éponge une
fois confrontées aux épreuves et à l'adversité, tandis que
d'autres attendent que le nombre de concurrents dimi-
nue. Mais si vous continuez à fournir des efforts quoi
qu'il arrive, à un certain moment, vous recevrez sans
doute la meilleure chance d'atteindre l'objectif que vous
visez. Quand un tel moment arrive, vous êtes testé pour
voir si vous êtes capable de saisir cette opportunité.

La vie est dure, mais conserver des rancunes ou du
ressentiment envers les autres n'arrangera rien. Il vous
faut continuer à faire votre possible en attendant serei-
nement qu'une occasion se présente à vous.

Si aucune opportunité n'émerge, une autre voie s'ouvrira

Cependant, il y a des moments où les occasions ne
se bousculent pas. Dans ce cas, c'est l'expression de la
Volonté Divine, alors il n'y a rien qu'on puisse faire à ce
sujet. La Volonté Divine est peut-être en train de vous
dire : « Trouve un nouveau métier. » ou « Il y a un autre
chemin pour toi. ».

Certaines personnes passant une audition pour un
rôle le remporteront par hasard, ce qui leur vaudra juste
une réputation exécrable après ce film unique, assortie
d'une mise au ban de l'industrie cinématographique. On
ne sait jamais ce qui apportera le bonheur.

Voilà une anecdote que je tiens du propriétaire d'un

magasin de montres dont je suis client. Après avoir obtenu son diplôme de droit de l'Université Waseda, il a préparé l'examen du barreau tout en travaillant à temps partiel dans un grand magasin, justement au rayon de l'horlogerie. Comme il avait ainsi continué ses études pour décrocher l'examen pendant plusieurs années, il était plus mature, comparé aux autres étudiants travaillant à mi-temps, ce qui lui assura davantage de crédibilité et de meilleurs résultats que ses autres collègues. Parce que ses ventes étaient plus élevées, il a continué à travailler là-bas jusqu'à en faire sa profession pour de bon. Il a fini par ouvrir sa propre boutique d'horlogerie où il travaille depuis maintenant plusieurs décennies.

Voilà donc quelqu'un préparant l'examen du barreau qui s'est retrouvé à la tête d'une boutique spécialisée en montres avant même d'avoir envisagé une telle opportunité. Ce changement de cap de son existence est quelque chose que lui-même n'aurait pas imaginé. Il n'était probablement même pas conscient d'être capable de vendre plus de montres que ses autres collègues employés à temps partiel par le grand magasin.

Pour réussir l'examen du barreau, il a lu des livres et travaillé d'arrache-pied pour mémoriser des arrêts de jurisprudence et les lois. Il a continué à passer l'examen année après année tout en travaillant dans l'intervalle comme vendeur au rayon horlogerie. Il a raconté qu'il était même allé jusqu'à la préfecture de Tokushima pour vendre des montres là-bas dans le grand magasin Marushin. Comme ce n'était plus un novice, il était plus âgé que ses collègues ; les clients ressentaient qu'il possédait plus d'expérience et de crédibilité. Ils le prenaient très certainement pour le responsable des ventes du rayon horlogerie.

Ainsi, de manière inattendue, il a prouvé ses talents dans le commerce de l'horlogerie et acquis beaucoup de connaissances. En étudiant les catalogues et modes d'emploi de diverses marques de montres pour faire son métier de vendeur, il en apprit naturellement beaucoup sur chaque article et mémorisa les détails. Il commença ainsi à importer lui-même des montres et à les vendre, jusqu'à ce que finalement, il ouvre sa propre boutique.

Une telle existence est possible, alors il est préférable de ne pas s'enfermer et se limiter en pensant : « C'est tout ce que j'ai. ».

Une personne qui peut réussir à gérer une boutique de montres avec succès ne possède pas vraiment le profil pour devenir juge ou procureur. Même si certains peuvent réussir en bonimentant, les avocats ne sont pas des commerciaux. Depuis le XIXème siècle, il existe un terme japonais : *sanbyaku-daigen* (三百代言 litt. : un escroc qui accepte un dossier pour une très petite somme d'argent, en l'occurrence trois cents pièces, et manigance pour gagner le procès). Ainsi, certains avocats peuvent exercer leur art comme un simple commerce, en ne travaillant que pour gagner des procès, même aux prix de mensonges ou de tromperies. Dans la série télé japonaise *Legal High*, l'avocat Komikado gagne certes tous les procès dont il se charge, mais généralement ceux qui possèdent une mentalité de commercial très marquée peuvent perdre leur crédibilité. Il faut savoir garder son calme et sa concentration à un certain degré.

Il est difficile de savoir quelle sorte de talent on possède. Mais si vous vivez avec sincérité, une voie s'ouvrira pour vous à un certain moment.

Quand j'étais jeune, j'ai lu l'adage : « Dans la vie, lorsqu'une porte se referme, une autre s'ouvre. » et je crois réellement que c'est le cas.

En passant en revue ma propre existence, j'ai moi aussi étudié de nombreux domaines et occupé des fonctions variées au niveau professionnel. D'un point de vue global, mon rôle principal maintenant est celui de chef religieux. Et ce qui sert de colonne vertébrale à mon travail poussé est le fait que je connaisse des profils de gens très différents, y compris des étrangers ; je les ai rencontrés et j'ai discuté avec eux, tout comme j'ai visité de nombreux endroits et étudié une gamme très vaste de sujets.

Si quelqu'un proposait une conférence sur les malédictions, les sorts et les phénomènes de possession comme élément principal de ses recherches, alors naturellement peu de gens viendraient y assister. Les personnes férues de religion pourraient s'y intéresser, mais sinon, les autres ne se déplaceraient pas. Même si le conférencier s'exprimait dans un cadre universitaire, seuls quelques étudiants spécialisés en théologie se montreraient sans doute. C'est ainsi.

Ignorance : ne pas connaître la Vérité de Bouddha invite la stupidité

Après l'avidité et la colère, l'élément qui suit est la stupidité ou l'ignorance. Cela signifie à l'origine « ne pas connaître la Vérité de Bouddha ».

Nombreux sont les individus ignorant la vérité de Bouddha en ce monde. Ceux qui jouissent d'un haut statut social, de considération et d'un bon niveau d'études ou qui sont très savants peuvent néanmoins s'avérer totalement ignorants de la Vérité spirituelle. Vraiment, quel gâchis.

Par exemple, les médecins effectuent généralement le travail des Bodhissatvas en sauvant des vies ; de même, les infirmiers sont appelés des « Anges blancs ». Si ces personnes effectuent du bon travail nourri de bonnes intentions, il est possible qu'elles retournent dans un monde d'Anges, ou Bodhisattvas. Mais il existe différents types de médecins et d'infirmiers, y compris ceux qui traitent mal leurs patients ou commettent des erreurs médicales à répétition. Ils en ressentiront sans doute de la culpabilité ou, à l'inverse, prendront des mesures à la limite de la légalité.

Donc, la profession n'est pas le seul facteur qui déterminera votre destination. Quelle qu'elle soit, les points essentiels sont en fait les sortes de pensées nourries de notre vivant et les accomplissements laissés derrière nous.

L'ignorance de la Vérité spirituelle est majoritaire dans le domaine de la science médicale et elle s'est même répandue dans le champ religieux et théologique, y compris au sein des études bouddhistes. Certains professeurs donnent des conférences sur les enseignements de Bouddha et le Bouddhisme, en estimant que « l'esprit ou l'âme n'est qu'une fiction » ou que « Dieu, ou Bouddha, n'existe pas ».

Certains d'entre eux sont ainsi persuadés en disant : « Bouddha a peut-être bien existé dans le passé, mais à présent ce n'est guère plus qu'une statue en bois sculptée à son effigie. ». D'autres tiendront le raisonnement suivant : « La statue du Bouddha assis est vide à l'intérieur. Qu'elle soit située à Kamakura ou à Nara, l'intérieur est creux et les touristes peuvent même regarder à l'intérieur. C'est du vide alors il est évident que l'âme ne s'y trouve pas. À quoi sert-il de prier ces statues que les touristes et les étudiants en excursion scolaire peuvent venir admirer et visiter à l'intérieur après avoir escaladé des marches ? ».

Ainsi, certaines personnes croient que la statue de Bouddha faite de bronze, de bois ou de marqueterie est véritablement Bouddha. Ils se situent à ce niveau de conscience précis et n'en ont qu'une compréhension culturelle.

Certains chercheurs déclarent même ainsi : « Bouddha était un homme primitif de l'ère Jomon, alors comment aurait-il pu transmettre des enseignements d'un haut niveau ? Si nous les examinons à l'aune du contexte moderne, ils sont tout à fait médiocres. ».

a) La stupidité consistant à traduire superficiellement
les enseignements confucianistes en retirant
la solennité du ton

La même remarque pourra s'appliquer à l'étude du Confucianisme. Sans débattre ici de l'éventuelle grandeur de Confucius, *Les analectes* peuvent conserver une certaine vibration si la traduction réussit à en préserver la noblesse et la dignité de ton. Cependant, si ce texte est rendu dans un langage actuel trop accessible et simplifié, de nombreuses parties peuvent assurément se voir privées de leur signification.

Par exemple, dans *Les analectes* on trouve la phrase suivante : « Et n'est-ce point délicieux de voir des hommes à l'esprit similaire venir de loin pour se rencontrer ? ». Mais si la même considération était rendue par ces termes : « Mes amis sont venus de loin. Ce serait amusant d'être ensemble. » ? Je ne peux m'empêcher de ressentir que la seconde traduction sonne trop superficiel ou trop plat. Si vous lisez : « Des amis, qui habitent loin et que je ne peux pas voir souvent, sont venus me rendre visite. On va bien rigoler. », vous allez vous questionner sur l'intérêt d'apprendre une telle chose.

Pour prendre un autre exemple, à la question : « Y a-t-il un monde après la mort ? », Confucius répondit : « Sans connaître la vie, comment est-il possible de connaître la mort ? ». Ces mots signifient : « Avant même de commencer à connaître la vie en ce monde et sa signification, comment connaîtriez-vous l'Au-delà ? ». Lorsque ceci est dit d'une manière digne et noble, et si vous en imaginez le sens en ressentant son ton divin, ce précepte devient un enseignement profond.

Cette expression enseigne aux personnes vivantes : « En premier lieu, corrigez votre vie actuelle avant de songer à la vie après la mort. Vous devez d'abord mener votre existence de manière juste dès à présent. Ce n'est que dans un second temps que vous devrez envisager l'Au-delà. ».

Si on saisit correctement l'intention de Confucius derrière ces paroles, elles véhiculent le message suivant : « Quel que soit le degré de réflexion consacrée au monde de l'Au-delà, si vous ne vous comportez pas bien dans le présent, il vous sera impossible d'être bon dans l'autre monde. Il est inutile de vous en inquiéter. Alors faites de votre mieux dans le présent. Vivez la meilleure existence possible maintenant. Le résultat dans l'Au-delà suivra. ».

b) L'erreur d'interprétation de l'École Tendai et de l'École véritable de la Terre Pure, du Bouddhisme

Certaines personnes pourraient venir avec la requête suivante : « J'ai commis toutes sortes d'actes répréhensibles, mais pouvez-vous faire quelque chose pour moi afin que je puisse regagner le Ciel après mon décès ? ». De telles personnes pourraient sans doute opter pour le Bouddhisme ésotérique en quête d'un Salut « instantané », un peu comme ces nouilles à réhydrater en trois minutes.

Je ne veux pas me montrer trop critique et peut-être même que les adeptes de l'École de Bouddhisme Tendai sur le Mont Hiei me vouent un certain ressentiment. Mais ils se contentent d'isoler un segment des enseignements de Bouddha, affirmant ainsi : « Les êtres humains possèdent intrinsèquement la nature de Bouddha. Nous sommes tous enfants de Bouddha, alors chacun de nous est déjà un Bouddha. ».

Les disciples de diverses écoles bouddhistes escaladent le Mont Hiei pour y suivre un entraînement bouddhiste, en se demandant tous : « Pourquoi avons-nous besoin de nous entraîner si nous sommes originellement éveillés et, par essence, des enfants de Bouddha dotés de la même nature ? ». Ils étaient tous incapables de répondre à cette question. Même après avoir achevé leurs quelques années d'apprentissage sur le Mont Hiei, jusqu'à une ou deux décennies parfois, un grand nombre de ces adeptes redescendirent sans y apporter aucune réponse.

Et c'est toujours le cas, même actuellement. Certains disciples bouddhistes ont dit qu'ils avaient finalement trouvé la solution après avoir rencontré Happy Science et lu mes livres. Je pense que c'était dans les années quatre-vingt-dix : deux prêtres bouddhistes, moines « *dai-sojo* » de l'École Tendai, sont devenus des membres réguliers et à présent « disciples », au même moment. L'un des deux avait achevé l'entraînement de la « Circumambulation des mille jours ». Je pense qu'ils n'étaient à peu près que trois au Japon à avoir bouclé cet apprentissage après la Seconde Guerre mondiale, car cet entraînement consiste en effet à marcher des dizaines de kilomètres pendant mille jours.

Cette personne a dit : « En fait, je n'étais pas certain d'arriver vraiment à devenir un Bouddha après avoir achevé la pratique de circumambulation. Mais après avoir lu les livres de Happy Science, pour la première fois j'ai compris que l'Éveil est quelque chose de différent. Voilà pourquoi je suis devenu membre de Happy Science. ».

Du point de vue des différents groupes religieux, je m'exprime parfois d'une façon qui peut leur sembler hostile. Mais même parmi leurs adeptes, certains recherchent la foi avec un cœur pur et sont capables de comprendre et d'accepter mon point de vue.

Un autre problème réside au cœur des enseignements bouddhistes de l'École véritable de la Terre Pure, puisqu'elle enseigne que quelle que soit la noirceur d'un individu, le Bouddha Amitabha viendra les sauver. Mais selon la manière dont il est utilisé, ce précepte peut s'avérer utile ou nuisible.

Certains individus pourraient se dire : « J'ai commis bien trop de mauvaises actions dans toute mon existence. N'y a-t-il aucune chance pour moi d'être sauvé ? ». Dans ce cas, les adeptes de l'École véritable de la Terre Pure pourraient se servir à bon escient de cet enseignement, et leur apporter cette réponse : « Même en ayant vécu une vie mauvaise, vous avez encore une chance tant que vous êtes en vie. Changez votre esprit, pratiquez les enseignements et contribuez au monde ; alors, il vous reste encore un chemin vers l'Éveil. ».

Mais ils pourraient tout aussi bien en faire mauvais usage, s'ils utilisent l'enseignement de la manière suivante : « Bien sûr que vous pouvez être sauvé, parce que le soutra dit que même une personne mauvaise peut l'être. ». Certains diront : « Vous serez sauvé si vous chantez dix fois le mantra du Bouddha Amitabha. » ou « Si vous psalmodiez le nom du Bouddha Amitabha une seule fois, Amitabha vous sauvera. ».

Et d'autres iront même jusqu'à affirmer : « Au moment où vous vous décidez et pensez à chanter le mantra du Bouddha Amitabha, vous êtes déjà sauvé. ». À ce stade, cependant, leur enseignement ressemble à ces préparations instantanées, cuites en trois minutes après avoir versé l'eau bouillante dans le récipient et refermé le couvercle.

Trois minutes d'attente et c'est prêt ! Pour reprendre la métaphore des nouilles déshydratées, le Bouddhisme de l'École véritable de la Terre Pure simplifie outrageusement l'enseignement, induisant la compréhension suivante : « Non, on n'a pas besoin d'attendre trois minutes. Rien qu'une minute et ce sera prêt. En fait, les nouilles seront pour ainsi dire cuites au moment où vous penserez à verser l'eau bouillante. C'est déjà gravé dans le marbre ainsi. Au moment où vous songez à verser l'eau bouillante, ou même si vous remplissez la casserole d'eau et allumez la plaque de cuisson, les nouilles sont déjà cuites. ».

Je peux comprendre qu'ils aient développé l'enseignement de cette manière, mais à ce niveau, ils ont poussé trop loin.

Pour prendre une comparaison dans le domaine cri-minel, imaginons qu'une personne en poignarde une autre et écope de dix ans de réclusion. L'enseignement remanié devient similaire à affirmer à cette personne qui est sur le point d'aller en prison afin de payer pour son crime : « Le fait que tu ailles en prison pendant dix ans signifie que tu as déjà été libéré. Tu en sortiras dans dix ans de toutes façons, alors y aller est la même chose que d'être déjà libéré. ». Assurément, la personne sera fina-lement relâchée, puisqu'elle n'a pas été condamnée à la peine de mort, mais pour autant il nous faut mettre en doute ce raisonnement.

En réalité, la plupart de ceux qui sont condamnés à dix ans d'emprisonnement ne passent pas une décennie entière sous les barreaux. Dans la majorité des cas, leur peine se trouvera légèrement réduite en fonction de leur attitude exprimant le remords, de leur mentalité vis-à-vis du travail, du changement de leur personnalité ou de leur aptitude à la lecture, voire même de l'amélioration de leurs bonnes manières.

Tous ces aspects sont observés et pris en considéra-tion. Après tout, tout un processus sépare la cause de l'effet, et une certaine condition s'ajoute entre la cause et l'effet.

Imaginons quelqu'un condamné à dix ans de prison. Il a pu se repentir de ses actes : peut-être a-t-il lu un livre écrit par Shinran* et fait un effort pour sourire

---

*Shinran [1173-1263] : Moine bouddhiste japonais et fondateur de l'École Véritable de la Terre Pure.

aux autres et prononcer des mots bienveillants. Le voilà à présent relâché après huit ans au lieu de dix. Si son ressenti est : « Oh, tout cela je le dois au Bouddha Amitabha. J'en suis profondément reconnaissant. », alors sa réhabilitation sera assez complète.

Au contraire, il pourrait ne montrer aucun repentir et faire preuve d'une attitude de défiance après avoir reçu sa condamnation à dix ans de prison, et dire : « Eh bien, j'ai tué cet homme parce qu'il était mauvais. Il l'a bien mérité. Je me suis borné à l'expédier à la place du Ciel. Cet homme nuisible circulait librement parce que la police était trop lente à réagir. Ce gars aurait commis encore plus d'exactions et de crimes, alors j'ai empêché une catastrophe en le tuant. J'ai fait une bonne action. Je lui ai administré la punition du Ciel ou en l'occurrence une « punition de main d'homme. ». Même à sa sortie de prison après avoir purgé sa peine dix ans, quelqu'un comme lui aurait eu de fortes chances d'y retourner après quelques mois parce qu'il n'aura pas connu de véritable conversion.

Les savants ignorant la Vérité iront en Enfer, même s'ils ne sont pas malveillants au sens terrestre

L'incompréhension des bons et mauvais aspects de nos actions et pensées, au sens spirituel, mènera à des conséquences graves.

Certaines personnes vont en Enfer, même sans présenter les critères d'un être « méchant », au sens terrestre habituel. Il y a des érudits qui n'ont jamais trempé dans la moindre activité criminelle au sein de ce monde ni enfreint le code civil, pas plus qu'ils n'ont comparu devant les tribunaux pour un acte répréhensible ou des dommages et intérêts qu'on leur aurait réclamés. En tant que spécialistes, ils n'ont fait que mener leurs recherches, rédiger des ouvrages et donner des cours ou des conférences de temps à autre. En dépit du sérieux et de la diligence de leurs recherches, ils ont pourtant chuté en Enfer.

La raison en est qu'ils se sont totalement trompés dans ce qu'ils ont perçu comme relevant de la « Vérité ». Écrire un livre sur des idées erronées et les diffuser ainsi largement s'inscrit à l'opposé de toute œuvre missionnaire normale et légitime de la religion.

Un certain universitaire, spécialiste pointilleux du Bouddhisme, s'est immergé dans les anciens soutras pour les remettre au goût du jour, traduisant ainsi le sanskrit en un langage moderne, tout cela pour en arriver à la conclusion suivante : « Le Bouddha Shakyamuni a enseigné qu'il n'existe ni esprit ni âme. L'idée du Bouddha de l'*anatman*, ou état de non-ego, affirme que les esprits et les âmes n'existent pas. Les religions en Inde avant l'époque de Bouddha connaissaient le principe de l'*atman* : elles enseignaient que les êtres humains ont une âme et que l'âme laisse le corps lors du décès. Cependant, le Bouddha a émergé en tant que philosophe révolutionnaire : il renversa ce concept pour affirmer que les esprits et les âmes n'existent pas. ».

Ce savant est alors parvenu à la déduction suivante :

« Comme les esprits et les âmes n'existent pas, notre existence se termine à notre mort. C'est pourquoi toutes choses sont impermanentes et tous les phénomènes émergent dans un état de non-ego. Une fois morts, nous retournons simplement à la terre. Et le *nirvana* signifie que lorsque nous mourrons, notre âme disparaîtra, tout comme la flamme d'une bougie soufflée d'un coup. Voilà donc l'explication de "l'impermanence de toutes choses", "l'état de non-ego de tous phénomènes" et de la "tranquillité parfaite du *nirvana*". Telle est la Vérité. »

Néanmoins, ce ne sont pas là des conclusions qu'on dirait issues de recherches poussées mais plutôt d'un ressenti que pourrait avoir un individu lambda dépourvu de connaissances préalables. Parmi ceux dont l'éducation se limite aux manuels approuvés par l'actuel Ministère japonais de l'Éducation, ils seraient plus nombreux à penser : « Quand un être humain meurt, c'est la fin. ». Les gens normalement n'envisagent rien d'autre parce que c'est la seule version qui se trouve imprimée dans leurs livres scolaires.

Certains manuels font allusion aux croyances à la vie après la mort chez les peuples de l'antiquité, durant les ères Jomon et Yayoi. À cette époque, on enterrait les défunts dans un pot en terre ou bien on leur brisait les jambes pour pouvoir placer leur corps en position fœtale, en leur disposant une lourde pierre sur le ventre avant l'enterrement. Les gens s'inquiétaient en effet de voir les morts revenir à la vie. Certains récits de l'ancien temps racontent que les peuples de l'antiquité croyaient à l'âme et à l'esprit. Mais hormis ces références anciennes, nous n'apprenons pas que les âmes existent vraiment, ni en sciences humaines ni dans les études scientifiques.

Les fantômes et les diables apparaissent dans les films d'horreur comme une forme de divertissement, mais à l'heure actuelle, leur existence n'est pas acceptée dans le domaine universitaire en tant que vérité scientifique. C'est là la triste réalité.

Aux États-Unis, à la fin du mandat du Président Trump et même pendant celui de Biden, le gouvernement a annoncé qu'il existait des cas de phénomènes aériens non identifiés, même s'il n'était pas certain de leur nature.

Lors du mandat de M. Trump, trois cas détectés par la NASA, ou plutôt par l'Armée de l'Air, ont été retenus comme relevant d'une origine extra-terrestre et non terrienne. Durant la Présidence de M. Biden, ont été présentés environ cent quarante cas pour lesquels l'origine du phénomène n'avait pu être établie et des termes tels que Objets Volants Non-Identifiés (OVNIs) ont été utilisés. Ils ont donc admis officiellement l'existence des OVNIs. De nombreux autres pays ont également témoigné d'incidents similaires.

Quant au gouvernement japonais, la réponse officielle demeure inchangée : « Nous n'avons pas reçu un seul signalement d'OVNI. ». Ils ne reconnaissent pas même un seul cas.

Au Japon, l'éventualité d'OVNIs est débattue dans des émissions télé composées de bavardages où on expose souvent des faits non étayés ou encore dans des programmes spécialisés en phénomènes surnaturels, voire d'horreur. Des passionnés d'OVNIs postent ou partagent aussi des photos assez convaincantes, mais la réaction officielle du gouvernement n'en reste pas moins d'affirmer qu'il n'y a pas eu la moindre apparition. Même si un pilote des Forces japonaises aériennes d'Autodéfense ou d'avions de ligne commerciales, comme JAL ou ANA, en est directement témoin, sa déclaration ne fait pas l'objet d'un rapport gouvernemental officiel, de crainte que le pilote soit considéré comme mentalement déséquilibré.

Les cas de ce genre abondent, ce qui démontre bien cette « ignorance de la Vérité ».

3. Orgueil, doute et vues erronées mènent aux malédictions, aux sorts et aux possessions

Les problèmes engendrés par l'orgueil et le doute

Aux Trois Poisons du Cœur, il convient d'ajouter l'**Orgueil**, le **Doute** et les **Vues erronées**.

Un excès d'orgueil vous rendra arrogant comme un *tengu* (NdT : créature légendaire souvent représentée avec un long nez rouge et des ailes). C'est aussi une mentalité qui vous mènera à votre propre chute. Certains diront peut-être : « Je suis au-dessus de tout le monde. », « Je suis un être supérieur dès ma naissance. » ou « Je me distingue parce que j'ai atteint telle et telle condition. ». Mais si vous vous considérez comme un individu exceptionnel, spécial et d'essence divine, vous êtes susceptible de faire des erreurs.

Ensuite vient le doute. Dans le monde actuel, le doute est répandu par la science et par les médias grand public. Certains vont affirmer : « On doit tout mettre en doute, toujours et à tous niveaux, jusqu'à atteindre la certitude qu'on ne puisse plus douter. Il n'y a qu'à ce moment-là qu'il est permis d'affirmer la véracité et l'authenticité d'un phénomène. ». Parfois, cette assertion sera sans doute exacte mais ce processus de remise en question intégrale pourrait mener à tout considérer comme un mensonge, une illusion ou une mystification. C'est là où se situe le problème.

En effet, le Bouddha Shakyamuni a fait un jour une déclaration de ce type : « Je suis à la recherche d'une sorte de Vérité dont on ne puisse pas douter quelle qu'en soit la mise à l'épreuve. ». Ceux chez qui ce raisonnement suscitera un écho pourront se laisser obnubiler par cette idée en négligeant les autres enseignements bouddhistes.

Mais si on appréhende les enseignements du Bouddha comme un tout, on pourra y trouver un nombre infini de phénomènes mystiques. La volonté de négliger la totalité de ces phénomènes pour ne prendre en compte que ce qui reste après un processus de remise en question et de négation intégrales constitue aussi le doute, l'une des illusions terrestres.

a) L'erreur consistant à mettre en doute et à nier les enseignements du Bouddha Shakyamuni et les éléments de sa biographie, du point de vue des connaissances médicales modernes

Certaines personnes sélectionnent une portion des enseignements, pour les réfuter en utilisant l'argument suivant : « Bouddha est un homme de l'antiquité, après tout. Il n'y connaissait rien. ».

Par exemple, le Bouddha Shakyamuni a dit un jour lors d'un sermon : « Comment se fait-il qu'un bébé naisse dans sa forme aboutie alors que la nourriture est digérée dans l'estomac puis excrétée ? ». Du temps du Bouddha, on n'opérait pas en effet de distinction au plan chirurgical entre le ventre et l'utérus. Or, certains experts médicaux, en se focalisant uniquement sur cette phrase, pourraient observer : « Oh, avec ce niveau de connaissance médicale, aucun de ses enseignements ne valent la peine d'être lus. ». Je suis persuadé que certains fonctionnent ainsi.

Néanmoins, le fait de se focaliser sur un endroit particulier pour nier tout le reste, par scepticisme, constitue une démarche faussée.

À un autre moment, le Bouddha Shakyamuni a dit : « Les êtres humains vieillissent et se fanent ; leurs cheveux grisonnent et tombent ; leurs dos se courbent et ils s'affaiblissent. Ils deviennent aussi vieux qu'un chariot brisé maintenu par une sangle de cuir et finissent par mourir. ». Bouddha nous a légué ce genre d'enseignements lors de ses dernières années. Mais certains chirurgiens esthétiques pourraient certainement y apporter cette objection : « Non, ce n'est pas nécessairement vrai. De nos jours il existe la chirurgie plastique et on peut maintenir une apparence jeune pour toujours. ».

Peut-être la chirurgie esthétique est-elle capable de nous faire paraître plus jeune… sans pourtant parvenir à nous doter de la vie éternelle. Même si une femme apparaît jeune physiquement, déclenchant autour d'elle ce genre de commentaire : « Oh ! A-t-elle vraiment quatre-vingts ans ? Qui l'aurait cru ? », elle finira quand même par tombera malade et mourir.

Alors on ne peut pas affirmer que les enseignements soient totalement faux parce que certains d'entre eux nous semblent peu conformes à notre réalité actuelle.

En outre, la biographie du Bouddha Shakyamuni décrit qu'immédiatement après sa naissance, il s'est levé et a fait un pas vers chacune des quatre directions : nord, est, sud et ouest. Les animaux peuvent se dresser sur leurs pattes le jour même de leur naissance. Un faon ou un poulain peut gambader peu après sa naissance, faute de quoi il se ferait attaquer par des prédateurs sauvages. Mais un être humain ne peut marcher tout de suite.

Selon sa biographie, pourtant, Bouddha aurait fait sept pas puis aurait dit : « Au Ciel comme sur terre, moi seul dois être révéré. », en avançant vers chacun des quatre points cardinaux. En lisant cela, les partisans de la science médicale pourraient se montrer sceptiques avec un commentaire de ce genre : « C'est impossible. J'entends parler de miracles, par exemple d'une maladie ou d'un cancer guéri de temps en temps, mais il est tout bonnement inenvisageable qu'un nouveau-né avance de sept pas dès sa naissance. À partir de ce point, j'en déduis que tout n'est qu'un tissu de balivernes. ».

Il est néanmoins erroné de douter de l'ensemble en raison de cette seule description. Ce récit est censé communiquer les points suivants : « À la naissance, Bouddha était un bébé mais dans son corps demeurait l'âme noble d'un adulte et même plus qu'adulte. Il faut l'appréhender de cette manière. ».

J'ai dit auparavant que personne ne naissait supérieur mais on pourrait aussi affirmer l'inverse : en effet, certaines personnes sont réellement nées grandes. On doit comprendre cette sainteté. Bouddha a sans doute eu un père, une mère, un oncle, des frères et sœurs ou une vieille servante, mais celui qui naît en tant que Bouddha est sacré dès la naissance. L'histoire contient cet enseignement.

b) L'erreur de douter et de nier tous les phénomènes mystiques dans les écrits bouddhistes, du point de vue de la biologie

Un autre exemple est celui où le Bouddha Shakyamuni a converti trois adorateurs du feu, les frères Kasyapa. L'aîné des frères, Uruvilva Kasyapa, avait environ cinq cents disciples. Le second frère en avait environ trois cents et le cadet, deux cents.

Bouddha rendit visite aux trois frères adorateurs du feu pour les convertir et à ce moment-là, ils le firent séjourner dans une grotte pour l'éprouver. Quand Bouddha s'enquit d'un endroit pour passer la nuit, ils lui répondirent : « Nous n'avons pas de pièce, mais il y a une caverne. Tu n'as qu'à y passer la nuit. ».

Or, dans cette grotte se trouvait un serpent venimeux. Les trois frères avaient testé d'autres pratiquants venus leur rendre visite auparavant ; dans la plupart des cas, les visiteurs qui y avaient séjourné n'avaient pas survécu à la piqûre de ce serpent venimeux. Parce que l'effet était radical, les trois frères pensèrent que c'était là une bonne opportunité de se débarrasser aussi de Bouddha.

Les écrits bouddhistes tendant à l'exagération, l'anecdote n'est peut-être pas exacte : ils racontent que le serpent venimeux était en fait un dragon qui crachait du feu. Ce serait affreux s'il y avait un dragon cracheur de feu à l'intérieur de la grotte. Existe-t-il réellement des créatures de ce type ? Je n'entrerai pas dans les détails mais peut-être était-ce plutôt une sorte de lézard ou de serpent, dont la langue apparaît parfois aussi rouge qu'une flamme. Le dragon aurait simplement pu être une métaphore ; néanmoins, c'était très probablement un reptile venimeux - peut-être un cobra géant.

Donc, les frères Kasyapa lui firent passer la nuit dans cet endroit et lorsqu'ils se rendirent à la caverne le matin suivant, ils furent choqués de découvrir Bouddha toujours vivant : « Que se passe-t-il ? Pourquoi est-il toujours en vie ? ». À leur surprise, la taille du serpent venimeux avait considérablement diminué : Bouddha sortit avec un plateau sur lequel reposait le petit reptile. C'est ainsi que les écrits bouddhistes décrivent comment le serpent géant est devenu tout petit.

Il s'agit d'un incident miraculeux. Cette histoire se trouve relatée dans les écrits bouddhistes parmi tout un ensemble de phénomènes mystiques.

Si des enseignants en biologie s'arrêtaient à ce passage, leur réaction serait certainement la suivante : « C'est impossible. Un serpent crachant du feu sur la Terre serait un dragon. Même s'il est possible que des créatures semblables à un dragon aient existé, auraient-elles pu cracher du feu ? Le Godzilla d'aujourd'hui crache du feu radioactif, mais en imaginant qu'un dragon ait existé il y a deux mille cinq cents ans, aurait-il craché du feu ? ». Ils auraient émis ce genre de doutes.

Néanmoins, diverses légendes évoquent des créatures cracheuses de feu. Comme nous ne pouvons voir physiquement ces créatures pour les examiner, je me demande si elles étaient réelles. Mais des légendes du Royaume-

Uni parlent également de dragons crachant du feu. Étaient-ils réels ? Étaient-ce là des créatures vivantes ou des êtres artificiels ? Ils auraient pu être fabriqués de toutes pièces dans l'espace ou alors avoir des origines extraterrestres. N'importe laquelle de ces hypothèses pourrait fonctionner. Et même s'il existait bel et bien une créature comme celle-là, on pourrait quand même objecter : « Il est impossible qu'il rétrécisse et rapetisse. Comment son corps peut-il devenir si petit ? Un corps ne peut rapetisser comme si on l'avait fait rétrécir avec le rayon rapetissant de Doraemon. C'est impossible. ».

Qu'est-ce-que ce récit essaie donc de nous apprendre ?

Il y a un autre exemple où Shakyamuni a calmé un éléphant ivre. L'histoire raconte que Devatta, en cherchant à perdre Bouddha, a lâché un éléphant ivre ; l'animal en furie tua plusieurs personnes en les piétinant. Se dressant devant Bouddha, il se cabra sur ses pattes avant mais retombant soudain, il s'inclina, apaisé, tel un chiot, puis s'allongea comme font les éléphants pour laisser les gens monter sur leur dos. Voilà le récit qui est parvenu jusqu'à nous.

L'histoire pourrait très bien être authentique. Je dis cela parce que, même de nos jours, certaines personnes sont capables d'utiliser le pouvoir du *qi* pour calmer les animaux, y compris les plus sauvages, et même de provoquer leur endormissement. Je suppose que Bouddha avait le pouvoir de contrôler les esprits des animaux, dans une certaine mesure.

À la lumière de cette dernière anecdote, l'histoire du

serpent venimeux pourrait également s'avérer exacte.
Il n'est pas sûr que la taille du reptile ait véritablement
rétréci mais il est envisageable que le serpent venimeux se soit calmé au point de perdre son agressivité.
Les cobras, par exemple, peuvent élargir leur cou d'une
manière assez conséquente pour se donner de l'ampleur ;
ils intimident les autres en se donnant une apparence
plus haute et plus volumineuse, mais ils peuvent sembler
petits une fois qu'ils cessent d'être hostiles et s'apaisent,
en s'enroulant de manière serrée.

Il serait donc adéquat de ne pas tout nier en se fondant sur une posture de doute systématique.

Vues erronées : des idées qui ont dévié de la Vérité
mèneront à des malédictions, des sorts, des possessions
et à l'Enfer

Après l'avidité, la colère, l'ignorance, l'orgueil et le
doute, viennent les vues erronées. On prétend que les
« vues erronées » contiennent 62 points de vue, mais en
fait on dirait qu'elles sont sans fin tant on en relève de
nombreuses catégories différentes.

Par exemple, il existe six journaux principaux au
Japon, chacun doté de sa propre rédaction amenant des
perspectives différentes. Il est difficile de dire lesquelles
ont raison et lesquelles ont tort, mais je suis sûr que
nombre de leurs opinions ont dévié par rapport à la Vérité. On doit écarter les opinions erronées une par une
en s'efforçant de se rapprocher de la Vérité.

Ceux qui ont des idées fausses et se livrent à des actions erronées ont tendance à s'attirer des malédictions ou à en lancer sur d'autres individus durant leur existence. Comme ils pensent et font constamment ce qu'il ne faut pas faire, récoltant d'autrui bon nombre d'ondes spirituelles négatives, toutes ces influences néfastes vont « coller » à leur corps physique : ils deviendront alors la cible toute désignée pour être possédés par un mauvais Esprit, issu de l'Enfer ou égaré sur terre, qui afficherait une mentalité similaire à la leur.

Il est probable que cette possession dure un certain temps si l'Esprit n'est pas chassé. S'ils sont influencés par un seul Esprit, ils ne chuteront pas forcément en Enfer, mais si quatre, cinq ou six Esprits les possèdent dans la durée, alors cette conséquence deviendra pratiquement certaine. Quelle que soit leur défense face à Yama, il est évident qu'ils auront déclenché et provoqué la possession eux-mêmes. Il faut être bien conscient de ce mécanisme.

La vie sera vraiment facilitée si vous vous libérez des possessions. Votre corps se sentira plus léger, et à certains moments, un nouveau chemin s'ouvrira dans votre existence. Mais d'abord, vérifiez sur tous les plans si la cause de la possession ne réside pas en vous.

Même si la racine du phénomène ne se trouve pas dans votre esprit, il reste encore une autre piste : la connexion avec un lieu spécifique.

De nos jours, on parle beaucoup d'endroits aux antécédents « chargés » dans les émissions télé et les films. Certaines demeures sont mises en vente à bas prix parce que des suicides s'y sont produits à répétition ou que quelqu'un y a été massacré. Il y a des films qui mettent en scène des individus louant ces endroits pour se divertir. Mais ce genre de lieux pourrait être réellement contaminé par le mal : c'est pourquoi il ne faut pas rechercher activement à entretenir des liens avec ces endroits. Une mentalité avide à connaître des expériences de ce style pourrait constituer l'une des raisons de la mauvaise tournure prise par votre existence.

On ne peut mener une vie heureuse si on loue délibérément et avec enthousiasme une demeure plombée par des évènements négatifs, dans laquelle des Esprits lancent des malédictions et des mauvais sorts. Les agents immobiliers qui présentent, en toute connaissance de cause, de tels biens à leur clientèle créent aussi du malheur, plombant leur propre existence par la même occasion. Fuyez les situations où vous pourriez ainsi inviter les parasitages spirituels.

Suite aux malédictions et aux sorts, ou à des choix d'existence susceptibles de les attirer, on aura de fortes chances de subir une possession, du temps même de notre incarnation physique. Le plus souvent, certains individus connaissant cette expérience seront diagnostiqués par un psychiatre comme souffrant de maladie mentale en raison d'un comportement souvent bizarre ou d'amnésie concernant certains actes commis.

Par exemple, il y a des personnes qui ont agressé et poignardé des gens sans en conserver aucun souvenir. Leur personnalité a probablement dû opérer un basculement à ce moment-là. Le phénomène se produit parce que leur âme s'était éloignée de leur corps pendant qu'un autre Esprit y était entré pour se l'approprier. En de tels cas, leur responsabilité criminelle sera certainement envisagée, mais on ne leur demandera pas s'ils étaient possédés lors du délit. Pourtant, la question de la responsabilité criminelle est étroitement liée à celle de la possession.

4. Comment éviter de chuter en Enfer ?

*Vous saurez quel Enfer vous attend en réfléchissant
simplement à votre existence*

Je comprends tout à fait pourquoi certaines personnes
se soucient de savoir si elles iront au Ciel ou en Enfer.
Mais comme le dit bien la citation de Confucius pré-
sentée précédemment : « Sans connaître la vie, comment
est-il possible de connaître la mort ? », on n'a pas besoin
de consulter un médium ou un expert en spiritualité
pour savoir où notre âme se dirigera après la mort. Car
on est capable de déterminer cette destination rien
qu'en examinant la vie qu'on mène.

Quel type de pensées entretenez-vous ? Si vous
menez le genre d'existence propre à consumer les autres
avec les flammes de votre jalousie, vous irez dans l'**Enfer
de la Fournaise.**

Si vous êtes impliqué dans la violence et le sang
répandu, vous aurez de bonnes chances d'aller dans un
lieu appelé l'Enfer des Asuras ou Enfer des Malfrats. Si
vous menez une vie dissolue, avec le sexe pour moteur
principal, dans la plupart des cas vous vous trouverez
précipité dans l'Enfer de l'Étang de Sang ou dans une
contrée avoisinante.

Comme je l'ai répété, à ces profils il convient d'ajouter
celui des criminels idéologiques ayant mal interprété
certains concepts philosophiques, qu'ils relèvent de la
théologie ou de la science politique.

Certaines personnes préconisent des constructions

idéologiques faussées, causant ainsi le malheur de nombreux autres. Ceux dotés de visions politiques déviantes, notamment parmi les idéologies de gauche, et ceux ayant influencé de nombreuses personnes avec des principes fondamentaux erronés jusqu'à causer leur perte, sombreront tous dans un endroit extrêmement profond nommé l'Enfer Abyssal, semblable à la fosse d'un puits dont il est impossible de s'extraire. Voilà où les mènera leur chute.

Alors, nul besoin de me demander : « Dans quel Enfer irais-je ? ». Méditez sur votre existence et vous le découvrirez. Réfléchissez-y en profondeur.

Faites l'effort de transformer votre esprit en miroir pour en nettoyer les mauvaises pensées

En vous aidant de ce chapitre, réfléchissez une nouvelle fois aux malédictions, sorts et possessions éventuels dans votre quotidien.

Des maladies telles que les rhumatismes peuvent relever d'une cause physique, mais d'un point de vue spirituel, ceux qui en sont affligés sont, en de nombreux cas, possédés par des Esprits variés, tels les Esprits de serpents.

Le même diagnostic s'applique aussi aux problèmes d'épaule, comme les raideurs ou blocages, et aux troubles vertébraux ou articulaires, rendant la position debout impossible à cause d'un lumbago ou de la faiblesse des membres inférieurs. Bien entendu, il peut exister une raison physique, mais si vous êtes malade tout le temps sans aucun motif précis, il est possible que vous soyez possédé par des Esprits animaux ou d'un genre similaire.

En ces moments, il faut s'efforcer de purifier son esprit afin de le rendre aussi transparent qu'un miroir. Tout comme si vous en essuyiez la surface à l'aide d'un linge, nettoyez vos mauvaises pensées.

Lorsque votre chambre est sale et désordonnée, personne ne viendra vous la nettoyer. De fait, vous ne laisserez probablement pénétrer personne pour faire le ménage sans votre permission même si quelqu'un se portait volontaire. Si vous avez laissé votre chambre en pagaille, pleine de saletés et de déchets, c'est à vous de la remettre en état.

Lors du nettoyage, une personne égocentrique pourrait se contenter d'ouvrir la fenêtre pour balancer dans la rue toutes les ordures de la maison ou de sa chambre. Or, un tel comportement ne manquerait pas de lui valoir des protestations de la part du voisinage. Évidemment, ce n'est pas la bonne manière de procéder. Il faut en être conscient.

Quelle que soit la beauté de l'apparence, de la voix ou de la mise d'une personne, ou le charme même dont elle est dotée, il serait décevant de se rendre compte qu'elle a acquis de mauvaises habitudes de vie. Par exemple, on peut entendre dire de quelqu'un : « Apparemment, elle est extrêmement désordonnée. Sa chambre est remplie de déchets et elle ne fait pas de lessive, alors ses sous-vêtements s'accumulent depuis un mois. » Même si vous êtes fou d'amour pour elle, il y aurait de quoi vous décourager. Après tout, nous devons nous acquitter au mieux des tâches dont nous sommes responsables.

Un mode de vie par trop négligé laisserait penser qu'on est indigne d'occuper un certain poste ou occasionnerait des blocages au travail.

Mais vous-même pourriez ne pas en comprendre la raison et vous plaindre : « Pourquoi pas moi ? Pourquoi ne suis-je pas choisi ? » Il se peut qu'on acquière une réputation négative en raison d'un mauvais style de vie au quotidien, alors mieux vaut y prêter attention.

C'est ainsi que je conclurai ce chapitre intitulé : « Malédictions, sorts et possession ».

Chapitre IV

La lutte contre les diables

Révélations sur la réalité des diables et leurs tactiques

1. Dans l'histoire, les religions ont combattu les diables

Les diables ciblent ceux qui possèdent un fort pouvoir d'influence

L'un des sujets inévitables lorsque je donne des enseignements sur l'Enfer ou que j'en expose les lois est la rencontre avec des diables.

En fait, quand on mène une vie ordinaire, on peut très bien vivre son existence sans faire l'expérience d'un combat contre des diables. Le nombre de diables étant limité, ils n'iront pas posséder le premier venu.

Lorsque ces diables ciblent quelqu'un, ils ont habituellement un but : par exemple, essayer de détruire la vie de ceux qui, une fois possédés, leur permettraient d'atteindre leur objectif prioritaire.

En Enfer, les diables opèrent de fait comme des parrains de la maffia ; ils utilisent leurs hommes de main pour essayer d'entraîner d'autres âmes dans des niveaux d'Enfer encore plus profonds. Mais comme je l'ai dit, leur nombre n'est pas illimité : ils ne sont pas en fait très nombreux.

Le Vatican utilise une sorte d'encyclopédie des diables pour former ses apprentis-exorcistes. On leur montre des gravures répertoriant les diables afin d'en mémoriser l'apparence, les caractéristiques et les dénominations. Je ne suis pas certain des détails car je n'ai jamais suivi de stage au Vatican, mais j'ai entendu dire que leurs futurs exorcistes doivent mémoriser les faciès et les noms d'environ cinq cents diables différents.

Cette méthode a ses points forts et ses faiblesses. Si vous connaissez le nom de diables, ils seront alors en capacité d'utiliser ce nom pour apparaître devant vous ; vous pourriez aussi les attirer par vous-même. Par conséquent, je n'ai révélé moi-même que quelques noms de diables. En dévoiler davantage pourrait fournir l'opportunité à de nombreux diables de vous approcher et de vous tromper.

En général, la probabilité d'être possédé par des Esprits errants, égarés sur terre, est plus élevée : mais dès que des diables puissants perçoivent une influence considérable potentielle via l'activité de quelqu'un, cette personne se retrouve ciblée. Un tel scénario a plus de chance de se produire si on a déjà attiré sur soi quatre, cinq ou six mauvais Esprits.

On trouve souvent des diables à l'intérieur de courants spirituels erronés ou délirants d'un point de vue religieux. Ces organisations sont devenues de véritables « usines à produire de mauvais Esprits » si bien qu'on peut y rencontrer de nombreux diables.

Il y aura différents niveaux de diables : des diables de faible capacité, des diables relativement forts et des diables puissants. Certains d'entre eux sont remplis d'arrogance en raison du nombre de leurs sbires, prétendant ainsi être le « roi des démons ».

De cette manière, les diables sont plus difficiles à gérer que les mauvais Esprits normaux. Dans le cas d'une possession « ordinaire », les Esprits en cause seront généralement des Esprits d'ancêtres, un Esprit égaré hantant un endroit précis ou un Esprit possédant une autre personne qu'on vient juste de rencontrer. Mais les diables se situent à un autre niveau que ces Esprits.

Souvent, les films de Happy Science dépeignent des attaques menées par des diables. Prenez garde d'éviter les travers du raisonnement suivant : « J'ai été possédé par un diable, c'est que je dois être quelqu'un d'important. ». Ce genre de pensée et l'arrogance qu'elle induit ne produit rien de bon, c'est pourquoi je le déconseille. Lorsqu'on est possédé par un diable, contrairement aux mauvais Esprits ordinaires, il est impossible de l'expédier facilement au Ciel ou de le repousser. En effet, plus rusés, les diables sont des manipulateurs très habiles : il est donc très compliqué d'avoir affaire à eux.

Dans certains cas, les diables apparaîtront même en se faisant passer pour des Anges, Dieu ou Bouddha. Ils prennent aussi pour proie les personnes en quête spirituelle qui s'entraînent dans les montagnes ou les forêts. Ils aiment à perturber ceux qui recherchent la Voie : c'est pourquoi ils sont souvent aux aguets, guettant l'occasion de faire une apparition lorsque les individus en recherche se trouvent sur le point de parvenir à un plus haut niveau de conscience et de guider un grand nombre de gens ou d'acquérir le pouvoir du Dharma.

Comme mentionné au début, les diables ont souvent un but précis : d'où leur différence avec les Esprits ordinaires rencontrés par hasard ou les Esprits hantant un endroit spécifique. Les diables sont des êtres qui font preuve de persistance pour chasser leur cible et manigancer toutes sortes de plans pour assurer leur objectif.

Donc, si un diable s'invite quand une personne dotée de puissance spirituelle exerce ses pouvoirs, il se déguisera certainement sous des formes variées et mentira sur son identité en usant de noms différents. Ils apparaissent aussi chez Happy Science, de temps en temps, et mes disciples parfois s'y laissent prendre. Je sens ainsi la nécessité de nous montrer plus vigilants.

L'apparition des diables en Enfer

Je souhaite à présent replacer le phénomène dans un contexte plus large. Proche de ce monde terrestre se trouve une zone de l'Au-delà peuplée d'Esprits égarés. Plus haut au-dessus se trouve le Ciel ou Monde céleste.

Il existe également le monde de l'Enfer, communément désigné sous le terme de monde souterrain. C'est un monde de ténèbres, où la lumière du soleil ne pénètre pas.

L'Enfer se trouve aussi organisé en divers niveaux. La majorité de la zone peu profonde de l'Enfer est sombre ou dans la pénombre, offrant ainsi une ambiance crépusculaire. Mais plus on s'y enfonce, et plus l'obscurité y règne, au point de ne plus parvenir à distinguer quoi que ce soit. Le niveau le plus profond de l'Enfer est totalement noir, comme si on y avait déversé du goudron. En bref, il existe différentes nuances de ténèbres en Enfer.

Mais en quoi les diables diffèrent-ils des mauvais Esprits ?

Dans la plupart des cas, il faudra plus d'années pour

qu'un Esprit devienne diable. La plupart des diables étaient précédemment des humains qui sont tombés en Enfer. Dans certains cas, comme les Esprits y séjournent de cinq cents à mille ans, ils deviennent des diables.

Parce qu'il ne leur est pas permis de retourner au Ciel ou de se réincarner sur terre, ils continuent leurs agissements, ce qui les transforme en diables.

La logique est compréhensible. Quiconque côtoie des délinquants ou travaille avec des gangsters pendant longtemps finira peu à peu par leur ressembler. Le processus est ici similaire.

Cependant, lorsqu'on remonte à l'origine des diables, on s'aperçoit que la plupart d'entre eux étaient des Anges ou des Archanges, qui, il y a des lustres, s'étaient rebellés contre Dieu ou L'avaient jalousé, et ont chuté sans pouvoir retourner dans le Monde Céleste. Ils sont ainsi devenus des rois ou des empereurs au sein de l'Enfer où ils ont constitué leur propre monde. En un sens, l'Enfer présente une forte similitude avec le monde de la maffia.

À certains moments, les diables utilisent leurs hommes de main et montent une équipe : par contre, ils sont en général incapables de combattre ensemble ou de se prêter secours. C'est, en un sens, tout à notre avantage : ce serait un énorme problème si des dizaines ou des centaines de diables attaquaient tous d'un seul coup. Mais en réalité, ils ne s'entendent pas très bien entre eux. Il en découle qu'ils ne peuvent compter que sur eux-mêmes ou, au mieux, sur leurs propres sbires.

Les idées chrétiennes du Purgatoire et de l'Enfer
démontrent l'étroitesse d'esprit des êtres humains

Il existe différentes lignées de diables, qui choisissent leur cible en conséquence. Par exemple, il y a des diables liés au monde chrétien dans le Christianisme, au monde musulman dans l'Islam, au monde bouddhiste dans le Bouddhisme et au monde shinto dans le Shintoïsme japonais. Il existe ainsi des diables en connexion avec chaque ethnie et religion.

S'agissant des religions japonaises, beaucoup d'entre elles ne reconnaissent pas clairement l'existence des diables. Les Japonais vénèrent souvent des Esprits dotés de pouvoirs spéciaux ou surnaturels comme si c'étaient des dieux : il est donc fort à craindre que les religions japonaises aient du mal à distinguer entre le bien et le mal dans ces domaines. Peut-être est-ce là une situation suggérant la rareté de dirigeants religieux d'envergure au Japon ou son retard en la matière, par rapport à d'autres groupes ethniques.

Mais je ne saurais non plus affirmer que le Christianisme présente une compréhension profonde de l'Enfer.

La Bible a rapporté ce genre de déclarations venant de Jésus : « Tu tomberas en Enfer et tu seras brûlé dans le feu éternel. ». Alors, un chrétien lambda va croire qu'une fois quelqu'un tombé en Enfer il ne pourra jamais en sortir car on n'échappe jamais à ce feu éternel et spirituel qui détruit l'âme. La plupart d'entre eux ont ainsi de l'Enfer une vision très stéréotypée, correspondant par exemple à l'Enfer des Cris d'agonie.

Les enseignements chrétiens originels affirment que le Monde Céleste existe et que l'Enfer est une contrée où on perd sa vie éternelle une fois qu'on y est tombé. Ils enseignent essentiellement que ceux dotés de la foi en Jésus qui étudient et pratiquent ses enseignements gagneront la vie éternelle.

Selon les enseignements des églises chrétiennes traditionnelles, on ne peut franchir les portes du Paradis à moins de devenir chrétien. Ils ont probablement mis en avant ce point notamment afin d'étendre leurs activités missionnaires, ce qui implique en gros que les adeptes d'autres religions iront tous en Enfer.

J'ai bien conscience qu'ils affirmaient cela dans le cadre de leurs entreprises missionnaires afin de convertir les populations au Christianisme. De telles déclarations sont peut-être acceptables à des fins d'évangélisation, mais il serait trop extrême de prétendre que ceux qui ne croient pas au Christianisme iront tous en Enfer.

Dans le passé, Jules César a voyagé en Gaule, à présent la zone se situant vers la France et l'Allemagne, lors d'une expédition en Europe. Certaines de ses armées ont traversé la Manche par bateau vers l'Angleterre.

Après cela, lorsqu'elles ont occupé de nombreuses régions européennes, les Romains ont envoyé des missionnaires chrétiens pour encourager les populations de ces zones colonisées à croire en cette religion. Mais dans la plupart des cas, ces peuplades avaient déjà foi en une sorte de religion proposant des rites funéraires pour leurs ancêtres. Donc, quand on leur apprenait qu'on ne pouvait retourner au Ciel que si on était chrétien, ils s'interrogeaient : « Nous avons l'opportunité de nous convertir au Christianisme mais qu'en est-il de nos parents, grands-parents et ancêtres ? Quelle était la signification de tous nos rituels pour eux ? ». Le Christianisme a rencontré ce genre de problématique.

Si tous les non-Chrétiens tombaient en Enfer pour s'y consumer dans un brasier éternel, cela impliquerait que les gens n'aient commencé à entrer au Ciel qu'il y a deux mille ans, et que tous ceux précédant l'avènement du Christianisme rôtissent en Enfer. Objectivement, c'est un raisonnement trop arbitraire.

Pour résoudre la question, le Christianisme a inventé un lieu intermédiaire nommé « Purgatoire ». Décrit simplement, il s'agit d'un endroit où résident les âmes de ceux qui ont vécu sans rencontrer le Christianisme ; après s'être repentis et convertis aux enseignements christiques, ils peuvent de là monter au Ciel et même renaître en tant qu'humains. Le concept du Purgatoire a été ainsi instauré comme lieu de transition situé au-dessus de l'Enfer.

Au tout début du XIVème siècle, l'italien Dante Alighieri a écrit un poème narratif intitulé *La divine comédie*, composé principalement de trois parties : Inferno, Purgatorio et Paradiso. Il offre des descriptions claires de chaque monde, rendant ainsi, au Moyen Âge, plus apparente la distinction entre ces mondes. Auparavant, la plupart des Chrétiens estimaient probablement que ceux qui ne l'étaient pas iraient tous directement en Enfer.

Au quatrième siècle de notre ère, Saint Augustin

s'est éloigné du Christianisme pour embrasser le Manichéisme. À l'époque, sa mère Monique s'efforça de le convertir à nouveau et il revint au Christianisme. Si elle a déployé tant d'énergie pour le convaincre, c'est que pour elle les païens iraient en Enfer.

En réalité, comme il est écrit dans les livres de Happy Science tels que *La Loi du Soleil*, *La Loi d'Or* et *La Loi de l'Éternité*, Bouddha, Dieu ou Leurs représentants sur terre se sont incarnés pour y enseigner les préceptes religieux en phase avec une époque et aire géographique données.

Des Anges de lumière, Bodhisattvas et Tathagatas naquirent également parmi nous. Même si leurs enseignements peuvent différer, s'ils sont adaptés à la période historique et à la région, ils sont sources de salut pour la population. L'incapacité de comprendre cette notion atteste bien du degré d'étroitesse d'esprit des êtres humains.

Je perçois la raison pour laquelle le Christianisme a adopté une telle approche. C'est pareil à ce que ressentirait un commerçant si une boutique similaire s'ouvrait à côté de chez lui. On n'apprécie guère qu'un autre caviste ou qu'une autre épicerie s'installe juste à côté de notre propre magasin. Il s'agit, pour ainsi dire, d'une question de concurrence.

De nos jours, on trouve des rues rassemblant de nombreuses boutiques de même type, qui attirent une foule de clients.

À Tokyo, par exemple, il existe des lieux spécifiques où abondent certains restaurants spécialisés en *oko-*

nomiyaki (pancakes japonais) ou en *oden* (plat mijoté japonais). Il y a aussi des rues regorgeant de bars. Dans ces lieux, on est libre de choisir où se restaurer ; c'est pourquoi beaucoup de gens viennent y flâner sans projet précis. On peut lancer ainsi : « Allons à Tsukishima manger des *monjayaki* » (sortes de crêpes semblables aux *okonomiyaki*) en n'ayant généralement en tête aucun restaurant particulier. On se contentera de sélectionner sur place celui où on souhaitera s'attabler : un endroit pas trop bondé avec une nourriture délicieuse et une ambiance agréable. Maintenant c'est possible, mais il a dû être très problématique à l'époque d'avoir pour voisins immédiats d'autres commerçants proposant les mêmes spécialités.

L'Enfer et les diables issus des guerres entre Christianisme et Islam

La haine, comme celle que je viens d'évoquer, est ce qui conduisit les Chrétiens à s'opposer aux Musulmans en Terre Sainte : en d'autres termes, les Croisades à Jérusalem. Ils s'affrontèrent principalement à trois reprises. Le camp chrétien envoya combattre son armée depuis l'Europe à la reconquête de Jérusalem. Durant les Croisades au terme d'horribles batailles, la possession territoriale de Jérusalem a souvent changé de mains et les deux camps ont essuyé des pertes effroyables, sans que les Chrétiens parviennent à reconquérir durablement ce bastion.

Même si de nombreux héros émergèrent au combat, il faut admettre que ces guerres furent déclenchées partiellement par l'ignorance.

L'un des rois de Roumanie durant les Croisades fut Vlad Dracula, qui deviendra plus tard le modèle ayant inspiré la légende du Comte Dracula telle qu'elle est connue maintenant. Je suppose qu'il était fort mais n'hésitait pas à décapiter l'ennemi afin d'en exhiber la tête sur un pieu, ce qui devait constituer un spectacle particulièrement insoutenable. Dans la plupart des cas, ses ennemis étaient musulmans. Il s'agissait sûrement d'une scène d'Enfer.

De cette manière, l'Enfer et les diables peuvent faire leur apparition au sein de chacune des factions rivales : c'est donc un point compliqué.

On pourrait aller en Enfer et s'y transformer en diable en échange d'une situation sociale, de pouvoir et de gloire dans ce monde terrestre.

Certains seraient tentés de croire qu'il pourrait être amusant d'être un diable, parce qu'on peut commander les autres, manipuler les âmes à sa guise et posséder des individus sur terre en les faisant souffrir. C'est bien sûr une façon de voir les choses, mais réfléchissez-y bien. Imaginez que vous soyez dans un parc d'attraction, par exemple Disneyland. Être un diable est semblable à jouer pour toujours le rôle d'un fantôme dans une maison hantée ou de dévaler sans arrêt les pentes du grand huit. Je ne pense pas que ce soit si amusant.

2. Les fosses les plus profondes de l'Enfer

Les Seize Enfers majeurs attendant les matérialistes
après la mort

L'un des ingrédients de l'Enfer est incontestablement la peur. En plus de cette dernière, il y règne des sentiments de souffrance, de douleur et de tristesse. Ces sentiments peuvent être également ressentis dans le monde humain, mais dans celui de l'Enfer, ils se trouvent intensifiés sous une forme extrême.

Après tout, la majeure partie de la population de l'Enfer présente la même mentalité que les matérialistes vivant actuellement dans ce monde, qui se définissent comme des personnes croyant uniquement en l'existence matérielle et menant ainsi une existence limitée au seul cadre de ce monde physique.

Les individus affichant des croyances semblables finissent souvent en Enfer où ce qui les attend, dans la plupart des cas, est un genre de torture dont ils se passeraient bien. Lorsqu'on s'identifie à une entité purement physique, quel serait le châtiment le plus terrible, douloureux et affligeant qui puisse nous arriver ? Ce serait, par exemple, de connaître la douleur d'être lacéré ou criblé de balles. Voilà un premier type de souffrance. De cette manière, il y a une catégorie d'Enfer où on subit des douleurs physiques, à répétition, en étant pourchassé par quelqu'un armé d'un couteau, mis en pièces ou tué par balles, ou encore en s'écrasant au sol après avoir sauté d'un endroit élevé.

Un autre Enfer est, comme décrit précédemment, l'Enfer des Cris d'agonie : un lieu de torture dans lequel les cris et les hurlements retentissent à tout va. C'est une partie de l'Enfer qui existe bel et bien.

En outre, certains royaumes infernaux sont associés à un pays ou à une zone géographique spécifique. Ceux dont le Japon a hérité s'appellent les **Huit Enfers principaux** : huit types d'Enfers, possédant chacun une version brûlante ou glacée.

Ces Enfers diffèrent selon les régions. Le climat japonais bénéficiant de saisons marquées, il est compréhensible que ce pays soit relié à la fois à des Enfers brûlants et glacés. Je ne crois pas qu'il existe en revanche d'Enfers glacés dans des aires géographiques extrêmement chaudes ni d'Enfers brûlants dans des zones extrêmement froides.

Au Japon, il y a donc **Seize Enfers majeurs** : huit Enfers glacés et huit Enfers brûlants. De plus, comme cette conception est issue de Chine et des zones géographiques voisines, on peut supposer que de tels Enfers existent également là-bas, bien que peut-être d'une manière un peu différente en ce qui concerne les territoires plus septentrionaux.

Les Enfers brûlants sont reliés aux pays ou régions riches en volcans, tandis que les Enfers glacés sont récurrents dans des zones connaissant un fort enneigement et où on peut souvent trouver la mort au sein d'accidents liés à la glace. Il en va ainsi.

La chaleur torride comme les températures négatives mettent en péril les vies des habitants sur terre. Par conséquent, ces Enfers présentent indéniablement un motif de crainte pour ceux persuadés que leur existence n'est que de nature purement physique.

Les températures au Japon ne descendent en général qu'à moins deux ou trois degrés Celsius ; elles sont un peu plus basses à Hokkaido.

À New York, le baromètre avoisine parfois moins vingt degrés même sans neige. Même si New York se trouve à une latitude similaire à celle de la Préfecture d'Aomori au Japon, il y fait plus froid. Un manteau ne suffit pas à vous tenir chaud. Le pardessus de coton que je portais au Japon n'était pas suffisant pour affronter une plongée des températures s'approchant des moins vingt degrés Celsius. Il s'agissait d'un froid mordant impossible à affronter sans manteau de cashmere de qualité supérieure. Les doudounes en duvet n'existaient pas au temps où je vivais à New York, mais elles ont commencé à se généraliser plus tard. Ce sont aussi d'excellents remparts contre le froid.

Quoi qu'il en soit, les Enfers glacés et brûlants existent véritablement et on ignore dans quel Enfer on peut atterrir. Cette destination dépend aussi de la façon dont on aura vécu son existence. Ceux bouillonnant de jalousie ou d'une forte haine, envie ou rancune, se retrouvent souvent dans des Enfers enflammés, là où inversement, les Enfers de glace sont principalement reliés à la solitude, la peur et la pauvreté. Le manque de nourriture en constitue une autre raison majeure.

Séjourner en Enfer signifie qu'on est déjà un corps spirituel, donc en de nombreux cas l'apparence s'ajustera progressivement à une forme convenant à l'environnement. Là, on fera à maintes reprises l'expérience de situations qu'on détesterait subir sur terre.

Vous avez sans doute vu diverses illustrations de l'Enfer. Certaines d'entre elles sont un peu exagérées, alors que d'autres sont au contraire plutôt fidèles.

Au sein du Christianisme, Dante Alighieri a dépeint le Ciel, le Purgatoire et l'Enfer. Lorsque j'ai lu sa description du Purgatoire, je l'ai trouvée un peu obscure et manquant de clarté. Je présume qu'une bonne partie est en fait le fruit de son imagination.

De nombreuses personnalités historiques célèbres sont citées dans la section concernant le Ciel, tandis que celles connues pour avoir commis des atrocités inhumaines apparaissent dans les pages consacrées à l'Enfer, en compagnie de rois et de dirigeants religieux d'autres races.

Je sens que ces descriptions ne reflètent pas totalement la réalité du Monde Spirituel.

Les profils des individus tombant tout droit dans l'Enfer Abyssal

S'agissant de Purgatoire (*rengoku* [煉獄] en japonais), il existe un personnage nommé Kyojuro Rengoku dans le manga *Demon slayer* (litt. Tueur de démons) célèbre au Japon et dans le monde entier. Il s'agit d'un tueur de démons, âgé de vingt ans et très puissant, au point d'être qualifié de *Hashira*, chef de ceux qui combattent les démons. J'ai pensé que c'était un drôle de nom à donner à un personnage. Je pense que les enfants n'en saisissent pas la signification mais voilà que ce nom « *Rengoku* » (Purgatoire) a été repris comme nom de ce personnage.

Au Japon, pourtant, on est peu familiarisé avec cette notion. Selon la compréhension qu'en aurait la plupart des Japonais, ce que Jésus a voulu dire par « tomber en Enfer en perdant la vie éternelle » ou « l'Enfer dont on ne peut jamais s'échapper » sont des lieux où séjournent les satans et les diables. Un tel Enfer est peuplé par ceux qui se sont réellement transformés en diables, devenant « l'escadron missionnaire de l'Enfer », et qui fomentent ainsi toutes sortes de plans pour étendre les forces infernales. En général, ces êtres-là ne peuvent pas s'en échapper.

On y rencontre aussi les genres de profil qui sont directement expédiés dans les fosses de l'Enfer, nommé Enfer Abyssal. Ils y chutent la tête la première et le plus souvent ne peuvent s'en extraire si aisément. La majorité de ceux à chuter dans cet Enfer sans fond des Abysses sont des philosophes, des savants, des hommes politiques et autres, ayant bénéficié d'un fort pouvoir d'influence.

Dans le cas des philosophes, ces derniers n'auront pas nécessairement commis des crimes au sens matériel mais ils auront « contaminé les esprits de leurs pensées empoisonnées ». Eu égard à la trop forte influence exercée par leurs analyses, certains d'entre eux ne peuvent sortir de cet Enfer, alors qu'ils avaient pu connaître de leur vivant une position respectable leur permettant de guider les autres dans ce monde, assortie d'un statut social élevé ou de moyens financiers importants.

Sans citer de noms spécifiques, parmi eux se trouvent par exemple des auteurs ayant écrit de nombreux romans ou réalisé de nombreux films traitant de crimes atroces. Ces individus sont attirés par des sujets démoniaques, ce qui signifie que leur esprit est en résonnance avec l'Enfer. Puis, à leur décès, ils chutent directement en Enfer sans même recevoir le jugement de Yama. En de nombreux cas, on ne leur accorde pas la possibilité de revoir leur existence sur un Miroir Réfléchisseur de Vie, appelé également « Miroir de *Johari* », afin de réfléchir sur leur conduite passée : ils seront précipités tête la première en Enfer.

Un grand nombre d'érudits issus des domaines littéraires se sont spécialisés en philosophie et en théologie ; eux aussi pourraient être obligés de séjourner en Enfer parce que, dans la plupart des cas, ils seront devenus des agitateurs ou auront répandu des idées infernales. Beaucoup d'entre eux étaient pourtant considérés comme des sommités intellectuelles ou universitaires, dans ce monde. Il existe même un professeur émérite de l'Université de Tokyo qui a chuté dans l'Enfer Abyssal ; idem pour un auteur de renom.

Il est en effet très difficile de dire si une œuvre est de nature céleste ou infernale. Dans un roman, par exemple, un personnage peut être assassiné, mais la question est de savoir si l'histoire dans son ensemble a le pouvoir de convertir ou de purifier les esprits des lecteurs ou si elle regorge de tentations susceptibles de les pousser vers l'Enfer ou le mal. Une autre considération sera de déterminer si le roman en question rendra ce monde terrestre meilleur ou pire.

Certaines œuvres prônent le matérialisme ou sont fortement teintées d'idées révolutionnaires préconisant le meurtre, comme par exemple : « Il n'y a pas de problème à tuer les gens parce que les êtres humains ne sont que des êtres physiques. ». Peuvent s'y ajouter en plus d'autres thèses contribuant à la banalisation d'idées d'une cruauté infinie. Les auteurs de ces ouvrages seront précipités dans l'Enfer Abyssal et, lorsque leur péché est trop lourd, pourraient même se changer en diable. C'est ce qui est réellement arrivé.

Le péché de Nietzsche : critiquer le Christianisme avec la théorie du Surhomme

Pour préparer ce chapitre traitant de la lutte contre les diables en Enfer, j'ai lu certains livres liés à ce sujet. Depuis deux ou trois jours, je me suis plongé dans un ouvrage du philosophe allemand Nietzsche, qui figurait également dans le film d'animation de Happy Science *La Loi de l'Éternité*. Dans mon cas, l'Esprit des auteurs apparaît toujours devant moi quand je lis leurs œuvres. Ils sont assez insistants, voire pénibles.

L'idée philosophique exposée dans ce livre était la théorie du Surhomme (*Übermensch*) qui critiquait le Christianisme. On doit également à cet auteur la citation célèbre : « Dieu est mort. ».

Nietzsche est né dans une famille protestante, qui plus est d'un père pasteur. Il a commencé à montrer des signes de précocité intellectuelle vers l'âge de 13 ans et on peut supposer que c'était effectivement un garçon intelligent et brillant. Après ses études en philologie classique (l'étude des langues et de la littérature grecque et latine), on lui a offert un poste à l'Université de Bâle à vingt-quatre ans : c'est ainsi qu'il est devenu professeur à vingt-cinq ans. Il devait être incroyablement intelligent pour décrocher si jeune la chaire de philologie classique. Nietzsche pouvait lire le grec, le latin ainsi que d'autres langues. Il était minutieux et a probablement aussi étudié les philosophes du passé. Son parcours prouve que l'intelligence seule ne garantit pas forcément un passeport pour retourner au Monde Céleste après le décès.

Bien qu'il ait accédé au professorat à vingt-cinq ans, les thèses exposées par Nietzsche sont extrêmement hérétiques, lui attirant ainsi un déluge de critiques, ce qui finit par le pousser hors du circuit universitaire.

Son livre le plus célèbre, *Ainsi parlait Zarathoustra*, a également inspiré un morceau de musique classique du même titre. Zarathustra fait référence à Zoroastre.

Le raisonnement de Nietzsche peut se résumer ainsi : « On a fait un criminel de Jésus et on l'a crucifié parmi d'autres criminels. Il a été cloué sur la croix, on lui a percé le flanc avec une lance et il est mort. Au sens terrestre, c'était un dieu faible. ». Il en a alors conclu qu'il était ridicule de croire en un tel homme. Il a aussi affirmé que Jésus a été tué par le ressentiment de la population juive, ce qui implique une énorme jalousie. Il voyait Jésus comme un dieu qui a été tué par la jalousie du peuple.

Sa logique se poursuit ainsi : « Après la crucifixion de Jésus, le crucifix a été transformé en un symbole de Dieu. Les Chrétiens l'utilisent pour dire que l'humanité a été sauvée par la crucifixion de Jésus. Cette idée a commencé avec l'Apôtre Paul pour être répandue par d'autres. Ils ont inventé cette notion pour renverser la perspective et qu'on considère une personne faible qui a été tuée dans ce monde comme une grande figure. C'est ce qui fait du Christianisme une quasi imposture. ». C'est l'un des points faibles du Christianisme qu'il a repéré et attaqué.

Comme son père est décédé dans la trentaine, on ignore à quel point Nietzsche a pu être influencé par sa famille, mais il est certain qu'en tant que fils de pasteur, il connaissait très bien la doctrine chrétienne. Il considérait qu'il était ridicule que tout le monde vénère un dieu si faible et estimait qu'un vrai dieu devait être fort.

Au Japon, les Esprits vengeurs se voient offrir des sanctuaires par peur des malédictions

Une vision similaire existe aussi au Japon. Ceux qui sont mentionnés comme dieux au Japon sont généralement des dieux de la guerre : les gagnants de la guerre étaient souvent vénérés en tant que dieux dans des sanctuaires.

Mais par crainte que ceux qui avaient été vaincus s'érigent en Esprits vengeurs, la population leur construisait un mausolée ou un temple pour leur vouer également un culte en tant que « dieux ». Pour éviter de s'attirer leur vindicte, on leur offrait un statut divin et des offrandes. De cette manière, la population essayait d'empêcher ces Esprits d'attirer sur eux leur malédiction.

L'une des illustrations les plus célèbres de cette façon de procéder est Sugawara no Michizane [845-903] du sanctuaire shinto de Dazaifu Tenman-gu (préfecture de Fukuoka), connu maintenant comme dieu des études. C'était un homme politique qui a été destitué et exilé à Dazaifu sur l'île de Kyushu, également connu pour avoir soutenu la suspension des missions diplomatiques japonaises dans la Chine des Tang. Il était très intelligent mais n'en fut pas moins exilé.

Un autre exemple est Taira no Masakado [vers 903-940], célèbre pour sa rébellion contre la Cour impériale durant laquelle il avait levé une armée dans la région du Kanto et soulevé une révolte.

Il y a plusieurs décennies, le siège de la Banque de Crédit à long-terme du Japon -qui a maintenant changé d'appellation- était situé dans l'arrondissement de Chiyoda à Tokyo, dans un bâtiment noir très sombre et sinistre mais auquel la population fit bon accueil. C'était un long bâtiment élevé d'un style inhabituel : à mi-hauteur environ, les deux côtés du bâtiment étaient incurvés horizontalement en forme de U et la façade continuait ainsi jusqu'en haut. En le contemplant, je redoutais de le voir s'écrouler durant un tremblement de terre. Dans un coin de ses locaux, se trouvait la tombe contenant la tête décapitée de Taira no Masakado.

Tout le monde à la banque craignait cet endroit et évitait de s'asseoir le dos tourné à la tombe. Mais comme prévu, des morts mystérieuses se produisirent, l'une après l'autre, frappant ceux qui s'étaient assis en tournant le dos à la sépulture. Ces incidents furent même rapportés dans les journaux, alors les gens redoutaient la tombe. Je pense que le bâtiment a été reconstruit plus tard, mais ceci a dû être terrifiant. Il est effrayant que quelqu'un continue toujours à exercer une malédiction même après mille ans.

Au sujet de Taira no Masakado, j'ai connu l'expérience suivante.

Lorsque le siège de Happy Science était situé dans l'immeuble Kioicho près d'Akasaka, j'ai rencontré Haruki Kadokawa des éditions Kadokawa Shoten. C'était un homme d'une excentricité manifeste : il avait construit un sanctuaire Kadokawa dont il s'était fait lui-même prêtre. Il s'affirmait médium et a aussi réalisé de temps en temps des films traitant de pouvoirs surnaturels ou du Monde Spirituel.

Cette personne nous a permis de publier des livres en format poche et nous avons ainsi fait paraître une dizaine de livres avec sa maison d'édition, dont *La Loi du Soleil*, *La Loi d'Or* et *La Loi de l'Éternité*. C'est la raison pour laquelle il se rendait parfois à notre siège.

Un jour, il m'a demandé : « À votre avis, qui étais-je dans ma vie antérieure ? ». J'ai répondu : « Je suis sûr que vous l'avez déjà entendu de la bouche d'autres voyants. Je ne devrais peut-être pas le dire. ». Mais il insista : « Non, on ne m'a rien dit, alors je vous en prie… ». Je savais qu'il était allé voir des médiums qui lui avaient raconté que, lors de sa vie passée, il était Takeda Shingen, un seigneur féodal japonais. Par conséquent, il se comportait comme un samuraï général en chef de la période des Royaumes Combattants, s'estimant être en train de combattre pour « conquérir le Japon ». Mais à mes yeux, de toute évidence il était Taira no Masakado.

L'Esprit de Taira no Masakado était toujours avec lui, alors j'ai songé que son existence avait dû être difficile et allait s'avérer pénible à l'avenir. À cette époque, les films sortant de sa société de production, Kadokawa films, étaient souvent dans la même veine que *Samouraï Reincarnation* et *Tokyo : la dernière guerre*. Ils décrivaient en effet un monde démoniaque : les histoires s'accordaient exactement au monde des démons. Alors je lui ai dit : « Vous avez pu être Taira no Masakado dans votre vie passée mais d'autres voyants vous ont certainement annoncé quelque chose de différent. ». J'ignore s'il m'a cru ou non.

Étant donné que j'étais médium, il ouvrait son cœur pour me livrer diverses considérations sans aucune crainte. Il m'a raconté un jour que quelqu'un lui avait dit : « Vous souvenez-vous de l'éruption volcanique qui s'est produite l'autre jour en Amérique du sud ? Je crois que c'est vous, M. Kadokawa, qui l'avez suscitée. ». Je me suis contenté de l'écouter en répondant : « Oh, vraiment ? ». Mais pour le dirigeant d'une entreprise de tout premier plan, il faisait des déclarations risquées.

Quand je m'entretenais avec lui alors, j'avais la tête qui tournait et il me semblait que l'espace autour de moi était en train de se déformer. Je me demandais à quoi imputer ce phénomène. Plus tard, lorsqu'il s'est fait arrêter et condamner pour possession de drogues illégales, j'ai compris que ma sensation de distorsion spatiale et de vertige reflétait l'usage de drogue. Ainsi était-il en plein « trip ». Peut-être se rendait-il dans l'Au-delà et en ramenait-il des idées pour insuffler de la créativité à son travail.

Ces années-là, pendant l'été, je louais souvent un chalet en bois ou un bungalow à Karuizawa pour y être au calme. Je crois que c'était le soir du jour où l'arrestation de M. Kadokawa a été annoncée aux informations ; j'ai vu l'ombre noire de quelqu'un assis les genoux contre la poitrine dans le coin du salon. À ce moment, je n'avais pas regardé les actualités et ignorais donc tout de son arrestation.

J'ai pensé : « Qu'est-ce que c'est ? Une présence noire est tapie dans le coin de la pièce. ». En y regardant de plus près, j'ai perçu sa forte ressemblance avec M. Haruki Kadokawa. Je me suis interrogé sur la signification et le motif de sa venue. Souvent, lorsque quelqu'un décède, son Esprit me rend visite, alors j'en ai déduit qu'il était mort. Mais ce n'était pas le cas. Ensuite, j'ai vu l'arrestation de M. Kadokawa aux infos et ai pensé : « Oh, il est sans doute venu ici pour solliciter mon aide. ».

À un autre moment, j'ai aussi entendu dire que, alité à la suite d'une opération pour le guérir d'un cancer ou d'une autre maladie, il écoutait en boucle *Les Paroles*

Véritables Prononcées Par Bouddha dans ses écouteurs. Il est donc probable qu'il me faisait confiance en tant que médium. Apparemment, il s'est ensuite remis de cette maladie.

Il existe de nombreux types de voyants alors il faut pouvoir déterminer à quelle sorte d'êtres et à quel type de monde ces médiums sont réellement reliés.

3. Même maintenant, des Diables hantent certaines religions

Le danger du culte des pouvoirs médiumniques au sein de
mauvaises religions fondées sur les pouvoirs surnaturels

Usons surtout de vigilance à l'égard des groupes religieux néfastes qui se concentrent sur les pouvoirs paranormaux. Après plusieurs années à les fréquenter, on se fait posséder par les mauvais Esprits qui s'y nichent. Comme ces derniers ne se laissent pas facilement repousser, le problème peut être très grave.

S'agissant des courants issus du Bouddhisme ésotérique Shingon, certains sont bons et conformes dans l'esprit aux enseignements, tandis que d'autres ont pour habitude de lancer des sorts mortels sur des personnes ciblées. D'autres groupes enseignent aussi à leurs fidèles à imposer les mains afin de purifier les énergies d'une personne et d'en chasser les mauvais Esprits, sans qu'eux-mêmes n'aient pour autant atteint l'Éveil. La plupart de ces courants dispensent des enseignements erronés ; non seulement des Esprits infernaux s'invitent en nombre parmi eux, mais de plus certains de ces groupes sont même guidés par des diables. Ces groupes sont très nombreux, ce qui pose un réel problème.

À Happy Science également, nous comptions des membres de longue date de tels groupes religieux. Un de nos employés vivait à l'intérieur de leur organisation et suivait leurs séminaires. Or, en ayant appartenu longtemps à un certain groupe, au point que la pratique fasse partie de la vie quotidienne, il devient très difficile de retirer les Esprits possesseurs auxquels on aura précédemment ajusté ses vibrations. Même une fois devenue disciple renonçant de Happy Science, cette personne s'est malheureusement fait happer à nouveau par le même genre d'Esprit.

Même au sein d'un culte reposant sur les pouvoirs surnaturels, les enseignements dispensés se doivent d'être justes. Les adeptes devraient corriger leurs propres actes par l'autoréflexion afin d'essayer d'améliorer leur caractère en tant qu'êtres humains. Par conséquent, les groupes préconisant que tous les problèmes se trouveront résolus par des pouvoirs surnaturels sont véritablement dangereux. J'ai compris ce point en passant par diverses expériences.

Il y a même un groupe qui enseigne qu'en imposant la main sur une personne, on peut en expulser les mauvais Esprits qui la possèdent comme en retirant de fines couches de papier. Ils encouragent leurs membres, qui sont possédés par des Esprits errants, à pratiquer ces gestes entre eux. Même si je leur dis : « D'un point de vue logique, c'est impossible. Comment voulez-vous expulser des mauvais Esprits alors que vous ne pouvez même pas recevoir la lumière de Dieu en vous ? », ils objectent : « Si, c'est possible. Nous portons un talisman nommé *omitama* qui nous habilite à expulser les mauvais Esprits. ». Il s'agit d'un groupe relié à la religion Mahikari.

De fait, j'ai déjà eu l'occasion de tester le rituel de purification d'un groupe religieux en lien avec Mahikari, à peu près au moment où j'ai commencé à communiquer avec le Monde Spirituel. Je suivais alors un cours intensif de 18 jours pour préparer au permis de conduire qui se tenait à l'auto-école Higashi Ashikaga, dans la préfecture de Tochigi. Parmi les personnes présentes durant ce stage, se trouvait un jeune homme qui pratiquait les enseignements de Mahikari. En discutant avec lui, nous en sommes venus au sujet de la religion.

Ce groupe utilise un soutra ou un type de prière shinto appelé *norito*, souvent récité par les religions affiliées au Shintoïsme. Ils utilisent ce même soutra ou *norito*, qui commence ainsi : « Les noms des dieux résidant à Takamanohara sont… ». Le groupe auquel il appartenait prononçait « Takamanohara » au lieu de « Takamagahara ». Ils portaient un pendentif appelé *omitama*, similaire à une perle en forme de virgule, tout en plaçant leur main au-dessus de vous lorsqu'ils récitaient la prière.

Mon canal spirituel était déjà ouvert à cette époque. Pour décrire mes impressions lors de ce rituel, je me suis vraiment senti envahi par une chaleur très vive. Pendant que la personne m'imposait sa main, j'ai eu l'impression d'être en train de griller. Ce n'était pas le genre de chaleur qui émane du Ciel ; c'était la sensation d'une température torride, brûlante. Les adeptes du courant auquel il appartenait pensaient probablement qu'il s'agissait de la lumière de Dieu, mais de ce que j'ai pu en ressentir, c'est ce qu'on ressentirait dans l'Enfer de la Fournaise ou même dans l'Enfer de la Grande Fournaise.

En fait, le fondateur de cette organisation religieuse a chuté dans cet Enfer. De son vivant, il s'exprimait souvent ainsi : « La pluie de feu va se déverser ! », « L'Apocalypse viendra et la pluie de feu tombera. ». C'est assurément la violente chaleur que j'ai pu ressentir alors. Je crois que cela provenait effectivement de l'Enfer de la Fournaise. Ce genre de phénomène existe.

La différence en matière d'« orientation » prodiguée par les Esprits du Ciel et par les diables en Enfer

Certaines religions ou croyances peuvent induire une chaleur extrêmement forte, tandis que d'autres vous feront ressentir un froid susceptible de vous faire frissonner. En vérité, il existe un nombre relativement élevé de religions capables de vous faire trembler et grelotter. Parfois, on se refroidit d'un coup, comme si la température avait chuté. Ce phénomène se produit non seulement avec des diables mais aussi avec les Esprits issus de l'Enfer en général. Il s'agit pratiquement du même processus qu'on peut connaître dans une maison hantée.

Permettez-moi de partager mon expérience personnelle à ce sujet. J'ai déjà raconté cette histoire il y a longtemps, du temps où mon frère aîné était encore de ce monde. Son canal spirituel s'était également ouvert, alors, tout en étant désolé de lui imposer cette tâche, je lui demandais toujours de servir de médium pour canaliser les mauvais Esprits, tandis que je me réservais les messages spirituels réceptionnant uniquement la lumière des Anges. À présent qu'il me faut canaliser les deux, c'est devenu une source de tracas, mais à l'époque, mon frère était devenu une sorte d'« expert » pour canaliser les mauvais Esprits.

La maison de mes parents dans le bourg de Kawashima (dans la ville de Yoshinogawa) comportait trois pièces au second étage et nous avions l'habitude d'utiliser celle du milieu pour nos messages spirituels. Alors que nous étions en train de canaliser les messages émanant d'un mauvais Esprit, la température de la pièce a chuté de deux degrés. Nous avions froid et cette baisse de température a également été confirmée par le thermomètre. C'est ainsi que j'ai appris que les mauvais Esprits font réellement descendre la température.

Si on suit une pratique spirituelle ou si on rencontre des phénomènes spirituels provoquant souvent un ressenti de froid intense ou de chaleur insoutenable, comme d'être brûlé, saisi sur une plaque brûlante ou bouilli dans une marmite, alors on devra suspecter qu'un phénomène de nature infernale se trouve à l'œuvre.

À l'inverse, quand c'est un Esprit céleste qui descend en soi alors qu'on est possédé par un mauvais Esprit, il se produira plutôt une sensation évoquant une pelure qui se détache de soi. Métaphoriquement, c'est un ressenti très similaire à celui d'un papier peint qu'on décollerait du mur. Puis on se met à éprouver de la chaleur et on se sent en paix.

Par contraste, quand un diable vient, on ressent un poids très lourd dans l'estomac, comme si une boule de fer s'y était logée. On éprouvera une sorte de mal d'estomac sourd.

J'ai entendu dire que d'autres personnes ont aussi fait cette expérience. À présent, je vais vous faire part d'une aventure qui m'est arrivée.

Il existe au Japon un groupe religieux du nom de GLA, qui s'est ramifié en diverses factions après le décès de son fondateur, Shinji Takahashi. À la tête de l'une de ces branches se trouvait Yuko Chino, qui est déjà décédée. Elle a publié de nombreux livres, tous dotés de titres similaires. Le contenu de ces publications différait peu des écrits de Shinji Takahashi.

Mon père et mon frère aîné avaient lu ses livres, mais ils n'arrivaient pas à se prononcer sur la vibration céleste ou infernale de ces ouvrages. Ils m'en ont donc envoyé un, assorti de ce commentaire : « Je pense que c'est un bon livre. Il parle d'amour et de compassion. Il est publié aux éditions *Amour et miséricorde*, alors il doit contenir de bonnes notions. ». Quand je me suis attelé à la lecture, avant même d'en avoir atteint la moitié, j'étais incapable de continuer : les mots ont commencé à danser et mon estomac était incroyablement lourd. Je ne pouvais pas supporter cet état, pas plus que de conserver le livre dans ma chambre, n'ayant donc d'autre option que de le jeter, sans avoir eu par ce geste nulle intention d'offenser son auteur.

S'il vous est arrivé de vous joindre à certains groupes religieux contrôlés par des Esprits malfaisants et que vous en conservez encore de nombreux ouvrages, je vous recommande de ne pas les garder dans votre chambre. On peut rester en contact avec des Esprits partageant cette longueur d'onde, même à travers des livres.

Et qu'en est-il de mes livres ? Lorsque je travaillais encore pour une entreprise d'import-export japonaise, j'ai publié le cinquième volume de ma série de messages spirituels, intitulé : *Les messages spirituels de Socrate.* Lors de ma pause-déjeuner, souhaitant vérifier comment les exemplaires étaient présentés, je me suis rendu dans la librairie la plus grande de Nagoya : je crois qu'il s'agissait de Maruzen. Alors, j'ai vu de la lumière dorée irradier de la pile de mes ouvrages. J'étais si surpris de ce spectacle ! C'était comme si des rangées de boîtes de bento (où on range son déjeuner), de couleur dorée, étaient empilées. C'était la première fois où j'avais perçu avec autant de clarté la lumière émanant des livres de Vérité.

Les livres qui déversent de la lumière et ceux dont se dégagent des vibrations infernales sont alignés côte à côte sur les rayons des librairies. Des clients les achètent sans en être conscients et certains sont attirés par des choses qui ne leur sont pas bénéfiques. Mieux vaut donc en être conscient.

Le problème de l'Église de l'Unification

Un autre problème est posé par l'Église de l'Unification (souvent désignée en France sous le terme de « secte Moon »). En un sens, cette organisation a démarré en suivant un schéma narratif proche de celui de Happy Science. Ils affirment en effet que leur fondateur, Sun Myung Moon, déjà décédé, était la résurrection de

Jésus-Christ, tandis que nous disons à Happy Science que « Ryuho Okawa est la réincarnation du Bouddha », ce qui est quelque peu similaire. De plus, à nos débuts, j'ai présenté une série de dix conférences sur les « principes », et lorsqu'on en a fait un livre, la maison d'édition m'a fait la remarque suivante : « Si vous utilisez le terme "principe" trop souvent, on pourrait vous confondre avec ce groupe religieux spécifique. Il serait sans doute préférable que vous changiez de titre. ».

L'Église de l'Unification n'a pratiquement pas de livres couvrant ses enseignements essentiels, hormis *Les Principes divins*, recueil qui constitue donc le seul ouvrage de ce type. Il débute par l'histoire d'Adam et Ève, décrivant la manière dont Ève tombe dans la tentation de Satan, menant Adam à la corruption. Il s'appuie donc sur une théorie de la dégradation : comment l'humanité sur terre est devenue corrompue. Il expose ensuite : « On doit retourner au Ciel ou à l'Eden et c'est pourquoi nous devons faire un travail missionnaire. ». Voilà ce qu'enseigne *Les Principes divins*.

Dans ce livre, il est écrit que « le Japon est Ève et la Corée du Sud est Adam. Le diable s'est faufilé dans le Japon, c'est-à-dire Ève, et a séduit la Corée du Sud pour causer l'état horrible qu'elle connaît aujourd'hui. » Cette idée est bien accueillie en Corée du Sud où ils continuent à prôner l'idée que « le Japon est intrinsèquement mauvais ».

Les Coréens ressassent sans fin les évènements d'il y a un siècle. Encore maintenant, on entendra des Coréens affirmer, par exemple : « J'ai été forcé de travailler dans l'industrie lourde pour tel conglomérat japonais avant la Seconde Guerre mondiale. », puis exiger que le Japon leur verse une compensation financière. C'est une mentalité qui imprègne fortement leur ethnie.

En d'autres termes, la vision de l'Église de l'Unification peut être résumée comme suit : « Les Coréens ont été trompés par Ève ou le Japon. Satan possède le Japon et ils nous ont trompés et ruiné la péninsule coréenne. Le Japon sera uniquement pardonné lorsqu'il souffrira et se repentira pour ses péchés. Donc, les femmes japonaises sont l'équivalent d'animaux. Puisque les femmes japonaises sont pareilles à des bêtes, ce ne sera pas un péché d'en amener en Corée pour un mariage de masse. ».

Puis ils déclarent : « Puisque le Japon est Ève, c'est bien de lui extorquer de l'argent. Soutirez au Japon autant d'argent que possible et apportez-le à la Corée du Sud. ».

Ils n'ont quasiment rien à enseigner ou à vendre, donc finalement, le fondateur a dit à ses membres d'aller changer les pierres en argent en les vendant. Il est attristant de voir parfois des fillettes japonaises obligées de vendre des œillets pour gagner de l'argent comme fleuristes, à des carrefours. Elles vendent des fleurs dans des endroits dangereux où elles pourraient subir un accident. Il semble y avoir une injonction affirmant : « Tous les moyens sont bons pour drainer l'argent hors du Japon comme en suçant son sang afin de l'envoyer en Corée du Sud ! ».

En faisant du Japon l'ennemi avec ce genre de logique, l'Église de l'Unification vise à dissoudre la division avec la Corée du Nord. Ils disent : « Le Japon, pays d'Ève, est notre adversaire commun. Défonçons le Japon pour en faire sortir le diable afin d'assurer notre Salut. Alors nous pourrons tous rentrer au Jardin d'Eden. ». Voilà la raison pour laquelle cette religion n'a pas été considérée si négativement dans la péninsule coréenne.

Au Japon, l'organisation a été lourdement attaquée par les médias en raison de sa trop grande proximité avec le Parti libéral-démocrate (PLD). Elle l'a soutenu durant les élections, lui fournissant des secrétaires, des fonds ainsi que d'autres services. Il n'y a là rien de neuf : elle noyaute l'entourage des personnalités de premier plan pour les influencer.

Néanmoins, j'en suis désolé pour les fidèles, parce que beaucoup d'entre eux sont purs de cœur. C'est vraiment regrettable et j'en ressens une grande tristesse.

Les membres reçoivent l'ordre de se rapprocher non seulement des hommes politiques mais aussi d'autres personnalités : le Professeur Shoichi Watanabe, universitaire et critique renommé, avait une femme de ménage qui était membre de l'Église de l'Unification. Cette domestique a commencé à travailler dans sa maison à la fin de son adolescence et elle y est restée pendant pratiquement une décennie. Selon M. Watanabe, c'était une fille très dévouée. Il l'a décrite en ces termes : « Elle travaillait dur. C'était le genre de fille qui prenait ses repas seule lorsque personne n'était là en mangeant de toutes petites bouchées comme si elle grignotait un petit biscuit. Elle nous a été d'une très grande aide. ». Elle a occupé ce poste jusqu'à ce que les enfants de M. Watanabe entrent au collège.

Parce que l'Église de l'Unification dirige la Fédération Internationale pour la Victoire sur le Communisme, je suppose que lorsqu'ils trouvent des personnalités-clef qu'ils pourraient « utiliser », ils leur envoient des membres.

Je suis certain qu'ils opèrent de la même façon avec les hommes politiques. Le nombre de secrétaires rémunérés par l'État pour chaque député est déterminé par la Loi de la Diète, alors ils envoient des secrétaires supplémentaires à certains hommes politiques pour les aider dans leur travail. Je pense que c'est ainsi qu'ils procèdent. Leurs membres obtempèrent en pensant faire là quelque chose de bien et beaucoup d'entre eux semblent en effet purs et innocents.

Lorsque je vivais aux États-Unis, j'ai été arrêté par l'un de leurs membres à un coin de rue dans Manhattan. À cette époque, je ne connaissais pas le nom de leur organisation en anglais. Une femme qui possédait quelques notions de japonais a évoqué « l'intellect, l'émotion, la volonté » dans ma langue natale. J'ai pensé en moi-même : « Quoi !? Comment donc une américaine connaîtrait ces mots japonais ? ». Quoi qu'il en soit, elle m'invita à leur réunion pour discuter.

Je ne me souviens pas si c'était un vendredi ou un samedi soir. Elle m'a dit : « Nous avons une réunion en soirée ; nous nous réunissons juste autour d'un dîner léger pour discuter. Nous sommes chrétiens. ». J'ai pensé qu'il ne serait pas mauvais d'étudier le Christianisme.

Au beau milieu de Manhattan, près de la cinquantième rue je crois, une femme m'avait dit que « l'intellect, l'émotion, la volonté » sont importants. Je l'ai donc suivie sans aucune méfiance pour me joindre au groupe.

Lorsque je suis entré, une autre personne, un chef cuisinier japonais en formation aux États-Unis s'y trouvait aussi « capturé », alors nous étions tous deux en ligne de mire.

Je pense avoir discuté avec eux pendant environ cinq heures. Nous avons commencé tôt dans la soirée et continué pendant cinq heures. Je pensais que ça ne finirait jamais, alors je me suis dévoilé et j'ai revêtu mon « armure », en leur disant : « J'ai aussi des capacités médiumniques. Je connais le domaine spirituel. ». Lorsque je leur ai montré une pratique spirituelle et fait une démonstration de glossolalie, ils ont semblé irrités et ont répliqué : « On connaît, on connaît ça aussi. » et ont soudain changé d'attitude. Pendant que je parlais avec eux, le chef s'est enfui et j'ai dû les affronter seul.

J'ai été prié d'écrire mon adresse, nom et numéro de téléphone, mais j'ai pensé que ce serait risqué. J'ai donc omis mon téléphone. Plus tard, j'ai souvent reçu des cartes postales de leur part mais je n'y suis pas retourné depuis ce jour.

Les gens que j'ai rencontrés semblaient amicaux. Ils faisaient preuve d'amabilité et de gentillesse à première vue, et parce qu'ils faisaient ce genre de déclarations : « Toutes les religions doivent devenir une. », leur discours avait une apparence positive.

Mais ils vous approchent en utilisant divers moyens

qui relèvent pratiquement de l'imposture. Par exemple, ils démarrent avec des manœuvres comme de vous lire les lignes de la main. Une femme japonaise qui était aussi à la réunion proposait ce genre de pratique et m'a déclaré : « Vous êtes un homme intelligent. ». Mais elle servait probablement le même boniment à tout le monde. Les gens travaillant pour une entreprise japonaise qui sont envoyés à New York font en général partie de l'élite. C'est pourquoi, dans la plupart des cas, il ne sera pas faux d'affirmer : « Vous êtes une personne intelligente. ». Elle commençait en vous flattant afin de vous piéger de cette manière. Elle semblait douce et amicale, et bien que je ressente de la compassion pour elle, je ne pouvais pas y faire grand-chose.

Dans le cas de l'Église de l'Unification, on ne ressentira pas de « chaleur torride » ou de « froid glacial ». À première vue, leur approche s'exerce de manière douce et délicate mais donne le sentiment de se trouver lentement enroulé dans une toile d'araignée jusqu'à finir prisonnier de leur nid. Une fois englué et à leur merci, une « araignée » apparaît rapidement et on sera totalement embobiné. Voilà la manière dont ils procèdent.

En religion comme en politique, il faut un objectif, un motif, des moyens, un processus et des résultats justes

Alors, en quoi cette Église de l'Unification se fourvoie-t-elle ?

Examinons par exemple l'incident suivant : l'organisation a formé un groupe bouddhiste à Hokkaido sous un nom différent, confectionnant des objets comme des *malas* (collier de perles permettant de se concentrer sur la prière et la méditation) et des pots qu'ils vendaient au prix fort, ce qui a conduit l'organisation à être interrogée pour une suspicion d'escroquerie religieuse. De cette manière, cette religion utilise divers moyens frauduleux tels que l'usage de faux noms, de procédés divinatoires douteux comme l'onomancie (en se basant sur le nom d'une personne) et la chiromancie (lignes de la main), usant de prétextes variés ou adoptant soudainement une approche bouddhiste ; et ils estiment que tous ces procédés sont permis tant qu'ils leur rapportent de bons résultats. C'est là où ils se trompent.

Considérer comme « normal » de tromper quelqu'un est déjà erroné. Voici un point que certaines personnes pourraient trouver difficile à saisir : un bon résultat ne vaut rien si les moyens pour l'obtenir sont mauvais.

Il en va de même avec le communisme.

Prenons l'exemple de la révolution de Mao Zedong. Ce dernier pourra faire figure de héros si on se concentre uniquement sur la façon dont il a démarré une révolution pour gouverner une nation entière et la manière dont il a fini par édifier un grand empire et à reconstruire la Chine.

Cependant, ce n'était rien d'autre qu'une révolution armée. Il a déclaré : « Le pouvoir est au bout du fusil. », ce qui signifie qu'en tuant les gens avec un fusil, un soulèvement se produit et mène au succès, induisant l'idée qu'il est admis de tuer, et qu'on peut utiliser n'importe quel moyen : tant que le résultat et la finalité sont justes, tout est permis. Mais dans cette attitude se loge un raisonnement faussé. Des dizaines de millions de Chinois sont morts de famine durant la révolution.

Il est évident que l'objectif doit être juste, mais il faut aussi employer les moyens justes au service d'un mobile juste. Happy Science aussi doit avoir un motif juste et obtenir des résultats justes en utilisant des moyens justes.

Parfois, les maladies sont guéries par des miracles, mais il n'est pas donné à tout le monde d'en faire l'expérience. Donc, faire une publicité excessive de tels miracles serait erroné.

Un certain groupe religieux (Seicho-no-Ie) assurait son autopromotion en affirmant que la seule lecture de ses ouvrages suffirait à guérir les maladies. Parfois, les maux guérissent mais pas à tous les coups. C'est une bénédiction quand des miracles se produisent, mais il ne faut pas monter ces exemples en épingle pour tromper les gens.

Il en va de même concernant les dons d'argent. Ils peuvent revêtir plusieurs vocables, comme « contribution », « don » ou « offrande » : Happy Science les nomme : « plantation de bonheur ». L'acte même d'offrir de l'argent aux églises, temples et sanctuaires, par exemple, constitue en soi une bonne action.

Jésus, il est vrai, n'était pas intéressé par les gains financiers et Bouddha ne les encourageait pas non plus. Ils vivaient d'offrandes et d'aumônes. L'acte de s'offrir soi-même est une bénédiction et une action précieuse.

Mais si vous recueillez des offrandes par des actes répréhensibles ou à de mauvaises fins, alors il vous faudra y réfléchir.

Voici donc les points à vérifier : vos mobiles, vos moyens, vos procédés, vos résultats et vos buts sont-ils tous cohérents et justes ? Il faut se montrer vigilant. Si de nombreux membres d'un certain courant religieux finissent par perdre la raison, alors soyons conscients qu'il y a là quelque chose de bizarre.

L'erreur de logique du discours selon lequel : « l'adversité va naturellement cesser et les bons résultats vont suivre »

Un certain courant religieux japonais affirme être capable de guérir les maladies. À chaque fois qu'une mauvaise situation survient, ils multiplient les déclarations de ce genre : « Les mauvaises choses sont signe de l'arrivée des bonnes choses. ». La fièvre finira par descendre après être montée et suivant le même raisonnement, ils affirment : « Vous allez vite vous remettre. ».

Ce groupe avait fait sécession d'une organisation religieuse, Seicho-no-Ie. Ils ont tout d'abord considéré Happy Science de manière amicale, nous envoyant occasionnellement leurs magazines, jusqu'au jour où nous avons enregistré les messages spirituels de Masaharu Taniguchi, fondateur de Seicho-no-Ie, qui nous a fait les révélations suivantes : « Un ancien conférencier de Seicho-no-Ie, qui donnait autrefois des conférences à un niveau local, s'est mis à son compte pour fonder

son propre groupe appelé Byakko Shinko Kai ; mais il
se trouve à présent en Enfer. » Ulcéré, le groupe nous a
jeté une malédiction : « Maudissez Masaharu Taniguchi
et Ryuho Okawa. Allez en Enfer. ». C'est ainsi qu'ils
nous ont tourné le dos.

De nombreuses religions présentent des similitudes
dans leurs enseignements, jusqu'à un certain degré. Mais
si l'une d'entre elles se concentre uniquement sur un
certain enseignement en l'interprétant de façon erronée,
elle pourra tomber dans une dérive irrémédiable.

Un problème similaire s'est posé avec la théorie
bouddhiste affirmant : « Le Bouddha Amitabha place
le salut des individus mauvais au-dessus du salut des
bons. ». Même s'il est vrai que les mauvaises personnes
puissent être sauvées, il serait injuste de penser : « Plus
on fait le mal et plus on sera sauvé. ».

Seicho-no-Ie enseigne ainsi une sorte de processus chimique appliqué à la destinée, pouvant s'énoncer
comme suit : « Lorsque votre destin négatif est en passe
de se résoudre, la situation pourra sembler se dégrader
pendant un moment, annonçant par là un redressement
dans son ensemble. ».

C'est un genre d'auto-conditionnement positif qui,
mal utilisé, pourrait servir à tout justifier. Par exemple, si
on se débat professionnellement, si on tombe malade ou
si on traverse des problèmes relationnels, on pourra se
contenter de dire : « Voilà bien le processus de désagrè-
gement de l'adversité avant de connaître une embellie
globale. Mon existence traverse un processus "chimique"
de catalyse, qui est la raison pour laquelle de mauvaises

choses se produisent. À partir de maintenant, je vais forcément remonter la pente. ». Mais si on simplifie le processus de cette manière, cette idée pourrait mener à bien des erreurs.

En réalité, c'est peut-être vous-même qui étiez à l'origine des problèmes dans vos relations, tout comme il pourrait y avoir une cause physique à votre maladie : si tel était le cas, il vous faudrait traiter ce point. La faillite d'une entreprise est souvent une conséquence naturelle aux yeux d'un expert en affaires. Il n'y a peut-être que vous qui ne l'ayez pas vu se profiler. C'est pourquoi on doit d'abstenir d'attribuer son infortune au destin, comme à « la désagrégation de son mauvais karma ».

4. Combattre les diables exige aussi un bon sens solide, doublé de la compréhension de la Loi de la causalité

Je me suis aventuré à critiquer d'autres groupes religieux, ce qui pourrait nous valoir quelques démêlés. En évoquant le combat contre les diables, je ne pouvais malgré tout éviter de pointer ceux qui se nichent dans les organisations religieuses.

Les groupes bouddhistes ne font d'ailleurs pas exception. Par exemple, commander une messe en l'honneur de nos ancêtres est sans conteste important, mais ce serait un mensonge d'affirmer: « Tant qu'on organise des messes pour nos ancêtres, notre destinée s'améliore et on se verra lavé de tous nos mauvais karmas. ». La raison en est que vous avez très bien pu vous-même être la cause de vos malheurs.

Certains imputent ainsi tous leurs déboires à leurs parents ou environnement familial : « Je suis malheureux parce que l'Esprit de mon père, mère, grand-mère ou grand-père s'est égaré et est incapable de retourner au Ciel. Ils constituent l'origine même de toutes mes misères. ». Dans certains cas en effet, ces Esprits pourraient réellement affecter votre vie. Ils pourraient hanter votre domicile et posséder les membres de votre famille. Il existe des familles où on meurt de la même cause pendant des générations : par exemple, sur trois générations, on trouve des décès résultant d'accidents de la route, d'incendies ou de cancers. Certaines religions les montent en épingle pour affirmer : « Voilà le résultat d'un karma de cancer. » ou « C'est dû au karma des morts accidentelles. », rejetant ainsi tous les torts sur leurs ancêtres.

Il est vrai que les Esprits errants viennent souvent se reposer sur leurs descendants mais s'agissant de votre existence personnelle, il en va de votre responsabilité de corriger ce que vous pouvez.

Il n'y a qu'au moment où on parvient au niveau d'Éveil permettant d'émettre de la lumière, ou de produire un halo, qu'on devient capable d'exercer le pouvoir du Dharma, afin de diriger avec efficacité une cérémonie en honneur des ancêtres. Même si votre lumière est encore ténue, vos ancêtres, en la recevant, en viendront à réaliser leurs erreurs.

Il est parfois important aussi d'aller vers ceux qui ont suivi une formation professionnelle et peuvent vraiment exercer un pouvoir spirituel, afin de les solliciter pour expulser les Esprits égarés. Il existe en effet de nombreuses méthodes et enseignements différents.

Mais il est certain que ceux possédant un cerveau gauche moins développé, comme ceux ayant du mal à prononcer des jugements sur des questions terrestres, ont tendance à s'égarer du droit chemin. Alors soyez-en bien conscient. On ne devrait pas négliger de présenter un certain niveau de connaissances concernant le sens commun de ce monde, ainsi que d'étudier en profondeur la loi de causalité ou Loi de cause à effet.

Voilà ce qui conclura ce chapitre.

Chapitre V

Un Message du Sauveur

Pour sauver la Terre de la crise

1. La Terre connaît actuellement une crise sans précédent

La peur du COVID au sein de l'humanité et les dangers d'une guerre majeure imminente

J'ai abordé différents sujets relatifs à la « Loi de l'Enfer » et, au cours de ce dernier chapitre, je souhaiterais exposer ce qui me tient à cœur sous forme d'un « Message du Sauveur ».

À l'heure actuelle, la Terre traverse une crise extrêmement aiguë. Je la sens d'une gravité sans précédent.

Quand j'ai amorcé ce mouvement de Salut, la population mondiale avoisinait cinq milliards. Or, actuellement, le nombre de ses habitants atteint déjà presque huit milliards : la population de la Terre s'est donc accrue de trois milliards.

Cependant, la diffusion de mes enseignements ne parvient même pas à toucher ces trois milliards d'individus. Notre mouvement pour le Salut continue son avancée en dents de scie, mais au regard de la tendance actuelle des années 2020, je dois dire que la crise à laquelle doit faire face l'humanité s'aggrave.

L'un de ses aspects est la propagation de la peur au sein de l'humanité en raison de l'épidémie de coronavirus sur terre. À présent, environ sept cent millions d'individus ont été infectés par le virus et on s'attend à une pléthore de nouveaux variants prêts à se répandre, qui constitueront des menaces considérables pour l'humanité dans son ensemble.

Il existe encore des gens qui ne croient pas que cette pandémie a été causée par un pays spécifique. Mais même si le virus avait émergé naturellement, on pourrait dire qu'il provient de la Conscience de la Terre peu satisfaite de la manière dont vivent les huit milliards d'habitants à sa surface.

Un autre aspect est la fin de l'ère de paix, qui s'est maintenue presque quatre-vingts ans depuis la fin de la Seconde Guerre mondiale.

Cette période a connu des conflits mineurs, mais aucun d'entre eux n'a mené à une guerre de grande ampleur propre à secouer le monde entier. Néanmoins, celle qui est sur le point de se déclencher serait fatale si nous ne rassemblons pas la sagesse de l'humanité pour la surmonter.

En général, il n'y a pas d'accroissement de la population terrestre sans engendrer de guerre : l'histoire montre qu'en de telles périodes, la nourriture, l'énergie ou les ressources fournissent le motif de déclenchement des hostilités.

Par exemple, des conflits vont jusqu'à éclater à propos des ressources en eau, ainsi qu'en matière de céréales, pétrole, charbon, gaz naturel, puissance nucléaire et autres.

Même si l'accroissement démographique peut être porteur d'effets positifs, il est susceptible d'entraîner une bataille féroce entre les nations sur de tels enjeux, où chaque camp essaie de gagner des alliés et d'éliminer les ennemis. À cet égard, je dois dire que l'humanité n'aura d'autres options que de tirer elle-même ses leçons de l'histoire pour les mettre à profit, afin de résoudre les problèmes futurs.

Que se passerait-il si la loi devenait « Dieu » et prenait le contrôle ?

Un autre aspect de la crise est la division actuelle des nations terrestres en plusieurs groupes. Ce qui les sépare sont leurs idéologies, pensées ou croyances.

Selon le discours des États-Unis, le consensus général est que nous assistons à une lutte entre la démocratie et la dictature. Mais cette perspective me semble insatisfaisante, parce qu'il existe des problèmes des deux côtés. L'athéisme et le matérialisme se propagent avec régularité dans les pays démocratiques également. En d'autres termes, ces nations préconisent un matérialisme orienté vers le scientisme, ce qui implique donc qu'elles ont les mêmes bases communes que les nations non-démocratiques.

La démocratie est acceptable sur le principe que les gens croient en Dieu et prennent proactivement des décisions en toute conscience d'être des « enfants de Dieu ». Et même dans les pays où règne l'état de droit, il faut que les « enseignements du divin » demeurent toujours à l'origine de cette idée de gouverner un peuple par la loi. Cependant, à l'heure actuelle, les humains ont perdu leur foi et se montrent sourds aux enseignements de Dieu, alors les lois sont fabriquées au moyen de discussions et de votes par les humains seulement.

Par conséquent, les lois sont en passe de « se substituer à Dieu » en contrôlant la population.

De plus, je m'inquiète profondément du nombre croissant de pays ayant adopté un système de surveillance qui utilise l'intelligence artificielle (IA) et d'autres procédés afin de maintenir l'ordre.

Bien sûr, je ne m'érige nullement contre l'usage de machines et d'autres technologies pour faciliter nos existences et la vie en société. Pour l'essentiel, l'avancée de l'automatisation devrait être juste le moyen permettant d'arriver à une certaine finalité. Pourtant, c'est à présent devenu un but en soi. La mécanisation est hélas devenue l'outil d'un contrôle exercé sur les humains.

Cette dynamique s'intensifie au fur et à mesure de la hausse démographique. Nous sommes entrés dans une ère où les humains sont gouvernés par les lois qu'ils ont faites eux-mêmes et sont surveillés par l'intelligence artificielle et les autres machines.

Ceci signifie que, en un sens, les humains sont en train de devenir du bétail.

Il existe un autre problème. Chaque pays est souverain pour faire ses propres lois en se fondant sur le principe de l'état de droit, et ceci tend à cristalliser le monde entre ami et ennemi. Avec une telle scission entre amis et ennemis, les valeurs du bien et du mal garanties de chaque côté par l'état de droit sont souvent susceptibles de s'affronter.

Ainsi, si un pays essaie d'appliquer son propre système de justice au reste du monde, cette action pourra être considérée comme injuste aux yeux des autres nations. Voilà les types de problèmes qui se posent. Chaque pays a tendance à n'envisager que son propre cas en créant son système juridique, de sorte que les lois ne concorderont pas toujours avec celles d'autres nations.

Il s'agit d'une grande crise. Les manques à l'intérieur du système politique moderne ou du système gouvernemental qui a commencé à se mettre en place aux XVIème et XVIIème siècles sont en train de devenir de plus en plus apparents.

En réalité, il existe des pays qui s'efforcent d'imposer leur propre système juridique dans le monde entier en provoquant actuellement des conflits militaires ou économiques.

Déterminer les taux d'imposition relève de la souveraineté nationale. Mais quand on doit fixer les taux d'imposition entre différents pays, il devrait donc y avoir des négociations et des discussions. Mais si une seule nation, quelle qu'elle soit, exerce sa façon de penser sur un mode trop dictatorial, elle rendra alors difficile à ses voisins de coopérer au sein de pourparlers.

Par conséquent, avec l'augmentation de la population, les conflits internationaux se multiplieront. Pour les résoudre, chaque pays renforcera sa force militaire. Il y aura aussi une concurrence pour développer la puissance économique au sein de chaque camp.

Dans la plupart des cas, un pays qui aura augmenté sa puissance militaire et économique possèdera des modes de penser agressifs et se mettra à s'emparer des pays voisins plus petits et plus faibles. De plus, il forgera une alliance ou une union avec d'autres pays présentant des vues similaires et tentera de susciter un affrontement contre des groupes de pays encore plus grands. Ce sont des cas de figure qui se sont produits dans le passé, bien que d'une manière légèrement différente à la situation actuelle.

De nos jours, le problème le plus préoccupant est l'existence des armes nucléaires sur la Terre ; des membres permanents du Conseil de sécurité des Nations Unies, ainsi que plusieurs autres pays, possèdent leur propre arsenal. Il faut également considérer que la liste des puissances possédant de telles armes est en expansion.

Le problème avec les armes nucléaires est qu'elles permettent de passer outre l'état de droit et la démocratie en changeant l'équilibre des forces entre les nations.

Par exemple, si un pays comptant seulement vingt millions d'habitants est équipé d'armes nucléaires pouvant être utilisées pour attaquer d'autres pays, il pourrait unilatéralement prendre le dessus sur des nations dépourvues d'arsenal mais d'une population de cent ou trois cents millions, voire même d'un milliard d'habitants. L'arme nucléaire elle-même constitue un pouvoir supplémentaire qui outrepasse le système démocratique et l'état de droit. L'humanité se trouve actuellement mise à l'épreuve pour voir si sa sagesse est capable de résoudre ce problème.

En outre, à cause de l'explosion démographique, même les systèmes politiques modernes qui ont été communément adoptés dans les pays développés, c'est-à-dire la démocratie, l'état de droit et le système parlementaire, ne fonctionnent plus sans recours aux médias grand public ; la population n'a d'autre choix que de s'en remettre à eux pour obtenir des informations et prendre des décisions.

Mais comment les médias jugent-ils de ce qui est juste ? Qu'essaient-ils de promouvoir et qu'essaient-ils d'empêcher ? Leur critère du bien et du mal se fonde de plus en plus sur un mode de pensée mercantile, qui est en train de se muer en pouvoir d'alimenter les conflits entre nations.

Aujourd'hui, la voix de Dieu ou de Bouddha n'atteint pas les médias. C'est l'ère où nous baignons maintenant.

2. Nous ne devons pas permettre que la Terre devienne la « planète du diable »

Il est permis à ce monde d'exister en tant qu'école pour l'entraînement des âmes

Dans ce monde actuel regorgeant de problèmes, que devrions-nous faire ? Comment procéder et quel résultat viser ? Plusieurs options sont à notre disposition, mais pour anticiper sur la conclusion, quelle que soit la décision retenue, les conséquences auxquelles il nous faudra faire face s'annoncent sévères.

Il est par essence difficile d'enseigner ce qui est juste à huit milliards de Terriens qui ont négligé de prendre en considération le principe le plus élémentaire : ce monde n'étant qu'une simple école qui permet aux âmes de se réincarner et de suivre un entraînement spirituel, il n'est donc pas complet en soi.

Or, dans la société moderne, nos contemporains tentent de décider de leur bonheur ou malheur, comme de déterminer quel pays est heureux ou malheureux, à l'intérieur d'un cadre limité au seul monde terrestre. Ainsi, on oublie de considérer ce qu'est la justice du point de vue du monde de l'Au-delà, c'est-à-dire le Monde Céleste, ou de l'Être Suprême appelé Dieu ou Bouddha. L'idée qu'une telle notion de justice sacrée doive se trouver reflétée dans ce monde matériel est absente au sein de la société moderne.

C'est pourquoi on va estimer que la justice repose sur les lois faites par le Parlement à l'intérieur d'un pays et sur des traités, le droit international et les pactes obtenus à coup de négociations entre pays.

Au bout du compte, cette vision implique que la justice internationale est soutenue par la puissance militaire, avec pour corollaire l'incapacité d'un pays militairement faible de s'opposer à un pays militairement développé.

En prenant ces paramètres en considération, même si nous encourageons la paix au moyen de la liberté de parole ou d'expression, par exemple, nous ne serons pas capables de l'emporter contre une puissance militaire oppressive.

En matière de dictature, il faut considérer que, à l'instar de la hiérarchie du Monde Céleste, il est naturel de voir les places vers le haut se raréfier. Mais le problème survient lorsque des êtres humains sur terre essaient de prendre la place de Dieu pour gouverner l'humanité ; ils ont tendance à adopter des idées privilégiant leur propre intérêt au détriment d'autrui.

En outre, un nombre croissant d'individus se mettraà penser : « Le fort gagne et le faible perd, forcément. La loi de la jungle gouverne ce monde. ». Dans le règne animal ou au sein de la nature, cet état prévaut naturellement. Pourtant, il nous faut considérer avec profondeur s'il est juste que les êtres humains adoptent cette idée ici-bas, dans ce monde représentant un terrain d'entraînement pour les âmes.

Le danger que le système de la réincarnation puisse cesser

Voici ma préoccupation principale à l'heure actuelle : la population de ce monde a gonflé jusqu'à atteindre huit milliards d'habitants et tous ces gens devront quitter ce monde tôt ou tard. Mais la majorité d'entre eux effectueront leur départ sans la moindre connaissance du Ciel et de l'Enfer. Est-ce une situation qui devrait être permise ?

Il vous faut aussi savoir que, en principe, les machines et gadgets dont les gens dépendent au sein de ce monde terrestre n'existent pas dans le Monde Spirituel. C'est un monde où ne subsiste que votre faculté de penser et d'agir au niveau spirituel, ou en d'autres termes, un monde où votre pensée constitue votre action.

Une fois entrés dans un tel monde, nos existences dépendantes de la technologie ainsi que le mode de vie terrestre et la structure du monde axés sur les machines s'effondrent. Il existe de nombreuses personnes auxquelles on n'a jamais enseigné ce qu'une âme était capable de faire par elle-même dans un monde sans machines, et qui sont actuellement en train de glisser dans un monde de ténèbres.

En un sens, nous sommes presque sur le point d'atteindre une limite. Même en suivant un raisonnement démocratique, si jamais la population des âmes souffrant en Enfer dépassait la moitié de toutes les âmes humaines, il serait possible que les valeurs du bien et du mal sur Terre s'inversent totalement.

Qu'adviendrait-il en conséquence ? Les implications

en seraient extrêmement graves. Cela signifierait que le nombre de ceux écoutant la voix des diables dépasserait celui des individus guidés par la voix de Dieu.

Ce Monde Phénoménal de l'espace tridimensionnel se trouve situé beaucoup plus près de l'Enfer que du Ciel. En effet, l'Enfer s'est initialement formé lorsque des âmes du Ciel, trop habituées aux vibrations physiques du monde terrestre, ont dû conserver ce mode de vie dans l'Au-delà.

Le contingent formé par ces âmes est en essor rapide et c'est un point extrêmement problématique. D'un point de vue historique, un grand nombre de Sauveurs furent envoyés sur terre pour dissoudre l'Enfer, avec le renfort de nombreux Archanges, Anges, Tathagatas et Bodisattvas. Cependant, ces êtres de Lumière se trouvent à l'heure actuelle gommés par le tumulte engendré par la liberté d'expression et de pensée, de sorte qu'on ne les remarque pas. Ainsi nos contemporains sont-ils devenus incapables de discerner le vrai du faux.

Pire encore, de nos jours, de plus en plus d'individus accordent leur préférence à des valeurs néfastes ; ceux qui enseignent des idéologies déviantes jouissent d'un statut social et d'une renommée enviables, tandis que ceux qui ont enseigné les bons principes ne reçoivent aucune reconnaissance terrestre. De nombreux cas de ce genre continuent de se produire.

Par conséquent, nous en arriverons à un stade où l'humanité sera obligée de se repentir. L'humanité est déjà plongée dans de fortes turbulences et cette expérience se prolongera pendant un certain temps.

Je ne parle pas ici d'une échelle de temps infinie :
j'entrevois que, d'ici vingt à trente ans tout au plus, la
direction générale de l'humanité sera décidée.
Si ce monde se trouve dirigé par des critères opposés à ceux du Ciel ou de Dieu et Bouddha et devient
ainsi directement connecté à l'Enfer, le moment viendra
où la Conscience de la Terre et la Volonté de Dieu et
Bouddha devront suspendre l'entraînement spirituel sur
terre.

En d'autres termes, le système de réincarnation sur
terre pourrait s'arrêter un certain temps afin de purifier
la planète.

Comment s'arrêtera-t-il ? Par toutes sortes d'incidents possibles et imaginables. De nombreuses évènements se produiront en continu, rendant impossible aux
humains de poursuivre leur existence.

Je suis certain que les humains sur terre sont lentement en train d'en prendre conscience. Les pandémies,
guerres, pénuries alimentaires, anomalies climatiques
trop chaudes ou trop froides, typhons, inondations ainsi
que de nombreux autres phénomènes inconnus pourraient soudainement s'abattre sur l'humanité.

Il est vrai que l'Enfer exerce une influence considérable sur ce Monde Phénoménal, mais une chose que je
dois vous dire maintenant est que l'Enfer lui-même est
actuellement l'objet d'intrusions par des êtres extérieurs
à la Terre. Hélas, cette question va bien au-delà de l'en-
tendement de l'humanité terrestre.

Les humains ne savent même toujours pas si les
Extraterrestres existent ou non. Du point de vue de

l'univers entier et des humanoïdes extraterrestres, la Terre en est encore restée à un niveau extrêmement bas dans la reconnaissance et la compréhension de l'espace cosmique. Or, il existe bel et bien des influences et des interventions venant de l'espace, auxquelles les Terriens se montrent incroyablement aveugles et vulnérables.

Je veux dire que certains êtres extraterrestres exercent à l'heure actuelle leur pouvoir d'influence sur les dirigeants de la Terre. Bien sûr, certains d'entre eux exercent une influence positive ; mais d'autres exercent une influence négative et cet aspect est en pleine escalade. Il ne s'agit pas juste de la puissance des diables d'origine terrestre qui affecte les gens mais aussi le pouvoir des ténèbres de l'univers. Se pose ainsi la question suivante ; comment devrions-nous contrer cette force obscure ?

Dans certains pays, les dirigeants et leurs équipes sont devenus des supports de la puissance ténébreuse de l'univers. En d'autres termes, ce genre d'êtres extraterrestres des ténèbres sont entrés en eux par « walk-in » afin de les utiliser pour accomplir leurs idéaux sur terre. Une stratégie pour mettre un frein à de tels agissements est de placer ces pays dans une situation critique de manière à faire s'écrouler leur régime.

Ce pourrait être une option qui ne suffira pas malgré tout à résoudre le problème. Mais si ces régimes devaient être anéantis dans ce monde, leurs membres n'auraient alors qu'à déplacer leurs activités dans le monde de l'Enfer après leur mort, augmentant du même coup les rangs infernaux et débouchant sur une lutte de pouvoir entre l'Enfer et le Ciel.

Si le contingent de l'Enfer gonfle trop, l'équilibre des forces entre le Ciel et l'Enfer sera rompu.

Prenons par exemple le mot « pardon ». Certains peuvent l'interpréter comme une injonction à pardonner à tous, quel que soit le mal, le crime ou l'acte commis ou autres mauvaises pensées. Mais selon cette idée, toute personne au cœur mauvais pourra donc aller au Ciel, non en Enfer, et par conséquent c'est le Ciel lui-même qui se transformera bientôt en Enfer.

Il n'y a qu'à imaginer la situation si la police et les bandes de malfrats étaient mélangés ou s'ils échangeaient leur position. D'un point de vue historique, ce renversement se produit occasionnellement dans un pays sous l'emprise de dictateurs. Il aboutit à une société se souciant peu du bonheur de ses membres.

Si la Terre atteint ce point, il y a de fortes chances que tout le système de réincarnation s'écroule.

À ce stade, les âmes qui seraient destinées à souffrir, recevoir un châtiment ou subir une leçon en Enfer ne bénéficieront plus de ce genre de processus. À la place, à leur mort, ces âmes resteront sur terre où elles se livreront sans entrave à la possession et à la manipulation des corps physiques des êtres humains vivants.

Dans ce cas, le système de la réincarnation se délitera et certaines âmes deviendront des parasites habitant pour toujours dans des corps physiques. Lorsque le corps physique d'une personne qu'ils possèdent s'éteindra, ils en investiront un autre. Ensuite, les âmes des corps sous cette emprise se transformeront aussi en Esprits malfaisants qui commenceront à posséder les corps d'autres personnes.

À ce niveau, il deviendra extrêmement difficile de se réincarner sur terre à partir du Monde Céleste.

« L'empereur du monde » pourrait apparaître en annihilant les peuples et nations qui croient en Dieu ou Bouddha

Idéalement, il s'agirait de propager au monde entier la Vérité de Bouddha que nous enseignons actuellement, afin que tous la comprennent et en fassent leur repère pour guider leur vie. Mais au niveau démographique, la tâche ne sera pas si aisée à accomplir.

À partir de maintenant, le Monde Céleste va multiplier les avertissements mais je crains que, même ainsi, la plupart des gens ne remarquent rien. Il est très probable qu'ils les étiquettent comme de simples coïncidences ou phénomènes naturels.

En outre, je redoute qu'une fraction croissante de la population en vienne à raisonner ainsi : « La police et les militaires dans ce monde ont un vrai pouvoir. Donc ceux qui peuvent s'emparer de la police ou des militaires à leur gré sont les plus puissants : ils sont les dieux vivants de ce monde moderne. ».

Mais Dieu n'est pas seulement bonté : Il recèle aussi en Lui un aspect sévère. Dieu fera payer un prix proportionnel à ceux qui se conduisent mal.

Par exemple, dans le passé, deux bombes atomiques ont été lâchées sur le Japon, mais seuls les Japonais et un petit groupe de personnes compatissantes s'en souviennent. Puisque d'autres pays n'en n'ont pas souffert, il pourrait se produire un nouveau largage de bombe atomique ou à hydrogène sur une autre nation, avant de parvenir à une réduction des armes nucléaires.

Malheureusement, il semble que les gens peinent à comprendre la souffrance de leurs congénères, même s'ils peuvent ressentir la leur. Je pense donc que tel cas de figure pourrait se profiler bientôt.

Lorsqu'une nation possède unilatéralement un arsenal nucléaire, un scénario envisageable est qu'elle annonce à celle qui en est dépourvu : « Si vous ne nous obéissez pas, nous lancerons des attaques nucléaires pour vous exterminer. ». Devant une telle mise en demeure, cette nation n'aura que deux options : devenir totalement esclave ou périr.

Même dans le passé, lorsque les armes nucléaires n'existaient pas, l'Asie et l'Amérique du Sud étaient dominées par les grandes puissances occidentales. Comme à ces époques, certains pays pourraient devoir faire face à une situation où ils auront à choisir entre la colonisation et l'extinction. Maintenant que nous sommes entrés dans l'ère spatiale, il pourrait se produire des attaques venant de l'espace dans un avenir proche, ce qui pourrait sérieusement endommager les conditions actuelles d'existence des êtres humains sur terre.

Par conséquent, il faut commencer par connaître les faits et par comprendre la situation présente.

Nous ne devons pas permettre que cette planète devienne la « planète du diable ».

Par « planète du diable », j'entends une Terre gouvernée par le mal.

Par exemple, si un chef maffieux se trouvait à la tête de la police, de la mairie, de la préfecture ou de l'État, ceux vivant au même moment auraient à vivre des souffrances terribles. Même pire : si le bandit se transformait en psychopathe, alors les conséquences en seraient encore plus cruelles.

L'humanité a en effet connu de nombreuses époques où les dirigeants ont totalement opprimé ou massacré les êtres qui s'opposaient à eux, au moindre signe de rébellion ou d'idéologie opposée au régime. Cette configuration s'est produite de nombreuses fois. Néanmoins, en raison des limitations propres à l'époque, de tels incidents restaient, la plupart du temps, limités géographiquement. Alors il suffit d'imaginer ce qui se produirait si une dynamique similaire à celle de la persécution nazie envers les Juifs devait s'appliquer à l'échelle mondiale. Une vraie vision d'horreur.

Si un prétendu « empereur du monde » devait apparaître et déclarer : « À partir de maintenant, toute personne, groupe ethnique ou pays croyant en Dieu ou Bouddha sera détruit. », les gens perdraient la foi.

Ainsi, nous sommes entrés maintenant dans une ère où les humains sont contrôlés par l'arsenal et les armes qu'ils ont fabriqués eux-mêmes. Il s'agit aussi d'une ère où les systèmes informatiques créés par les humains les surveillent, comme s'ils étaient des fourmis sous observation, objets d'un contrôle individualisé.

3. Commencez le combat spirituel pour regagner une nature humaine

Établir la croyance en El Cantare dans le monde entier à cette époque moderne

Ainsi, je vous délivre mon message : en premier lieu, retrouvez la nature humaine. Il est nécessaire de regagner la vraie mission qui devrait naturellement être la nôtre en tant qu'êtres humains.

La foi participe de l'instinct humain. Les humains diffèrent des créatures minuscules comme les fourmis ; les humains sont des humains précisément en raison de leur instinct les poussant à croire en l'existence de Dieu ou Bouddha. Voilà le socle constituant la condition préalable aux âmes humaines.

Elle découle de cette Vérité que les êtres humains ont été originellement divisés à partir d'une lumière plus grande ; les âmes des habitants de ce monde sont des fragments d'âmes plus grandes, faisant elles-mêmes partie d'âmes encore plus grandes et ainsi de suite.

La lumière qui réside à l'intérieur des êtres humains est à l'origine une particule de la Lumière de l'Âme du Divin. Par conséquent, les humains ne doivent pas se dégrader eux-mêmes en se considérant comme « simple poussière ». C'est leur devoir naturel.

C'est pourquoi il nous faut à présent démarrer le combat spirituel.

En particulier, les citoyens des pays sur le point d'entrer en guerre peuvent croire qu'ils se contentent de suivre leurs dirigeants, mais ils doivent prendre conscience que ces derniers sont actuellement les proies d'une manipulation des « messagers des ténèbres » venus de l'espace.

Ces êtres adoptent toute une gamme d'approches différentes ; ils peuvent posséder spirituellement les dirigeants ou leur envoyer des « inspirations », ou encore prendre possession des corps physiques de dirigeants terrestres par « walk-in » pendant que leur véritable corps demeure à bord d'un vaisseau spatial. Il existe ainsi un nombre croissant d'individus tombant à présent sous le contrôle d'êtres des ténèbres.

Le jour de la bataille finale me semble proche ; hélas, les rangs des forces de lumière sont encore très clairsemés. Je suis rempli de tristesse en constatant l'essor si rapide des forces obscures, qui étendent leurs ramifications en dessous de nos pieds tel un rhizome.

Le livre où Nietzsche a écrit que « Dieu est mort » s'est écoulé à moins d'une centaine d'exemplaires dans sa première édition ; c'est Nietzsche qui s'était lui-même acquitté des frais de publication. Mais il n'a pas fallu attendre longtemps pour que les médias et le système éducatif soient utilisés comme moyens pour propager son idéologie, qui s'est répandue depuis sous diverses formes dans le monde entier. Si la philosophie et la science se développent en se fondant sur le principe que « Dieu est mort », toutes les autres structures scolaires et universitaires vont suivre.

Si le monde terrestre se radicalise ainsi en atteignant un stade où un renversement de la situation par le combat idéologique deviendrait impossible, alors il existe un risque d'extinction de l'humanité.

C'est ce qui s'est produit sur les anciens continents de l'Atlantide, Mu et Lémurie (Ramudia). Au bout du compte, les choses pourraient aller jusque-là. Ce scénario s'est produit il y a seulement dix mille ans et il pourrait très bien se reproduire maintenant.

Ce jour viendra sans crier gare. Il viendra d'un seul coup, sans ménager aucun temps pour que l'humanité s'y prépare. Alors je vous le dis : de toutes vos forces, faites tout ce que vous pouvez dans le temps qui vous est imparti.

Alors, qu'est-ce que je veux que vous fassiez ? Je vais vous répondre avec des mots clairs.

Pour formuler de manière précise ce qui doit guider nos actions en cette époque contemporaine, il faut instaurer fermement la « Foi en El Cantare ». Il s'agit d'instaurer la Foi en El Cantare non seulement au Japon mais aussi dans les quatre coins du monde.

Il s'agit de croire que l'Être appelé aujourd'hui « El Cantare » était Alpha qui fut jadis le Créateur sur Terre, et Elohim qui sépara le bien du mal dans ce monde, et qu'à présent, Il essaie de lutter contre la crise finale de la Terre. Voilà la foi qu'il vous faudra établir.

Explorez le Cœur Juste et pratiquez le Noble Sentier Quadruple des temps modernes

Vivre armé d'une telle foi consiste, pour l'exprimer

simplement, en l'**Exploration du Cœur Juste**, que j'ai maintenant condensé dans le **Noble Sentier Quadruple** de notre époque actuelle, composé de : **Amour, Sagesse, Autoréflexion** et **Progrès**.

1) Amour : opérez un changement de paradigme de « l'amour qui prend » à « l'amour qui donne »

D'abord vient l'enseignement de l'**Amour**, incompris par la majorité de nos contemporains. Un nombre croissant d'individus est tout bonnement persuadé que l'Amour est quelque chose qui s'obtient ou est donné par les autres.

Cette idée prévaut également au sein des régimes communistes, notamment au niveau économique, où on estime que : « Les laissés-pour-compte ont le droit d'exploiter les nantis en prenant leurs biens. ». Mais ce raisonnement contient une erreur.

Les humains naissent dans ce monde afin de développer leur âme en accomplissant des efforts pour réaliser quelque chose qui a de la valeur. C'est pourquoi il n'est pas bon de confisquer les fruits du dur labeur d'autrui en n'ayant rien fait soi-même ou de favoriser un système justifiant d'agir ainsi. La création d'un tel système contient ainsi en germe la corruption des individus.

Un autre malentendu concernant l'Amour est le système de l'État Providence qui s'est développé au sein des démocraties libérales. Je n'irai pas jusqu'à nier qu'il s'agit là d'un des systèmes utiles inventés par l'humanité, mais dans certains cas, il a purement été utilisé comme un substitut du communisme pour dissoudre les plaintes et l'insatisfaction de la population. En conséquence, il peut entraîner par lui-même la faillite et l'écroulement d'une nation, même sans intervention de Dieu ou Bouddha.

Au Japon aussi, le gouvernement continue de dépenser deux fois plus que la somme des contributions versées par ses concitoyens. Ce bilan atteste que l'État fera inéluctablement faillite à un moment donné. On peut dire la même chose des États-Unis et de la plupart des membres de l'UE ; certains pays pauvres en Asie et en Afrique en sont déjà passés par là.

Et voilà la solution à ce problème : apprenez à vous contenter et réfléchissez à la manière d'ajuster votre train de vie aux revenus générés par votre travail.

Il est nécessaire d'effectuer un changement de paradigme concernant l'Amour : passer d'une logique cherchant à prendre l'amour à celle de le donner. Cet « amour qui donne » n'est rien d'autre que le pouvoir de Dieu ou Bouddha, permettant à l'humanité de vivre. Il s'agit de participer à ce déversement inconditionnel de la Lumière du Divin, tout comme le soleil le ferait. Voilà ce qu'implique le mot « Amour » que tous les humains doivent pratiquer.

2) Sagesse : étudiez la Vérité de Bouddha pour
développer votre âme

En quoi consiste donc la **Sagesse**, au sein du Noble
Sentier Quadruple d'Amour, Sagesse, Autoréflexion
et Progrès ? Elle est synonyme de Vérité de Bouddha.
Même si vous acquérez des connaissances dans ce
monde, votre âme ne progressera pas tant que la
connaissance ne se trouvera pas adossée à une perspective authentique du monde, aux vérités spirituelles et
aux enseignements de Dieu et Bouddha.

Je dois dire qu'il est absolument faux de considérer
que : « Dieu est mort. », « Le matérialisme prime. » ou
« Le confort dans ce monde est le bonheur ultime. ». Si
l'humanité n'est même pas consciente d'où elle vient et
où elle se dirige, elle est pareille à des usagers se tenant
sur le quai d'une gare sans savoir pourquoi ils seraient
là.

En réalité, vous êtes en attente du prochain train pour
aller quelque part. Ignorer son origine et sa destination
signifie qu'on a oublié qui on est.

3) Autoréflexion : examinez vos pensées et actions
passées ainsi que les péchés que vous avez commis
et polissez votre esprit

Ensuite vient l'étape de l'**Autoréflexion**.
Les âmes humaines chutent parfois en Enfer.
Lorsqu'on a orchestré son existence en allant à l'encontre

de la Vérité de Bouddha, on tombe en Enfer. À ce moment-là, cependant, ne vous rebellez pas en vain en allant grossir les forces qui défient Dieu. Vous devez vous-même réfléchir à vos raisonnements et à vos actes passés, aux péchés commis, et vous repentir. Par l'autoréflexion, il vous est possible de polir votre esprit et de retourner au Monde Céleste. Cette capacité vous est donnée.

Alors retrouvez ce pouvoir et faites-en le fondement de votre apprentissage durant votre vie terrestre.

4) Progrès : créez une Utopie où ceux qui ont accumulé des vertus pourront guider de nombreuses personnes

En dernier vient le **Progrès**, qui inclut la « création de l'Utopie ».

Créer une Utopie se trouve au cœur de nombreuses idéologies, à condition de ne pas confondre les notions d'utopie et de dystopie.

Ne croyez pas qu'un monde semblable à celui décrit dans *1984* ou *La ferme des animaux* de George Orwell constitue l'Utopie. L'objectif doit être de créer un pays et une société où ceux qui auront accumulé des vertus par leur entraînement spirituel sur terre pourront guider leurs semblables.

Il va sans dire qu'il est impardonnable de la part de n'importe quel dirigeant de fonder son pouvoir par des mensonges adroits ou en utilisant de l'argent, leur statut ou leur renommée, pour manipuler leurs congénères. Il est inadmissible pour quiconque de contrôler la société à sa guise en fomentant une conspiration. De surcroît, il ne devrait pas être permis de se servir des médias grand public pour tromper afin de faire croire à de fausses informations, en plongeant ainsi tout le monde en situation précaire : c'est un cas de figure qui ne devrait jamais se produire.

Une vraie Utopie devrait permettre l'éclosion d'une société au diapason du Monde Céleste.

Je suis extrêmement attristé de constater la manière dont le doute excessif et la suspicion dominent les médias à mesure que leur influence augmente.

Une autre source d'inquiétude est que, dans la société démocratique moderne, la quantité de connaissances acquises dans ce monde vous accorde un certain statut, remplaçant le système de classes. C'est devenu la tendance actuelle. Or, acquérir des connaissances ne signifie pas nécessairement atteindre la sagesse.

Parmi les connaissances acquises, il faut sélectionner celles qui recèlent la lumière du diamant, et passer ces connaissances authentiques au crible des expériences de votre « apprentissage de vie », afin de les transformer en sagesse. Voilà l'essentiel.

Aujourd'hui, pourtant, la situation est différente. On se sert du niveau d'études, tel que les notes et les classements obtenus à l'école, pour sélectionner les individus qui accèderont aux postes de dirigeants. En se fondant sur le dossier scolaire, ces individus choisis se comportent comme des aristocrates de naissance et regardent les autres de haut, régnant sur eux ou leur donnant des ordres. Un tel monde ne relève malheureusement pas du Monde Céleste. Il s'agit juste d'une forteresse illusoire.

En pratiquant le Noble Sentier Quadruple, efforcez-vous de créer une société meilleure, non pas fondée sur le matérialisme ou le scientisme terrestre

Soyez ouvert d'esprit et interrogez-vous :
« Suis-je en train de vivre
en faisant de la Volonté de Dieu la mienne ? »
« Suis-je en train de vivre
en faisant de la Sagesse de Dieu la mienne ? »
Les individus qui font des efforts à cet égard
En réfléchissant humblement sur eux-mêmes
Devraient être ceux qui accumulent beaucoup de sagesse
Et guident les autres.
Dans une telle perspective du monde,
Vous devrez aussi déborder d'amour,
Reconnaître vos propres erreurs,
Vous encourager l'un l'autre à approfondir la Vérité
Et vous efforcer de créer une société meilleure.
La direction qu'il vous faut viser
N'est pas celle du matérialisme ou du scientisme
Uniquement focalisés sur ce monde.

Quels que soient les progrès de la science,
Elle ne peut toujours pas dévoiler le mystère de la vie.
Pourquoi des larves nées de petits œufs dans la terre

Émergent à la surface
Et se transforment en scarabées ou autres coléoptères ?
La science est même incapable d'y répondre.
Pourquoi les corps humains se développent-ils
De la façon dont ils le font ?
Pourquoi chaque organe à l'intérieur de nos corps
Fonctionne-t-il à sa manière propre ?
Pourquoi le système cérébral assure-t-il
Tous types de fonctions
Alors que nous ne l'avons pas fabriqué nous-mêmes ?
Nous avons maintenant découvert
Et exploré la nature de l'ADN
Mais pourquoi existe-t-il à l'origine ?
L'humanité ne peut répondre à ces questions.
Certains scientifiques dans l'illusion disent que
L'ADN est l'âme elle-même.
Ils croient même que
« La transmission de l'ADN
Des parents aux enfants et aux petits-enfants
Est la réincarnation de l'âme. »
Mais je dois dire que ceci n'est rien d'autre
Qu'une expression contemporaine
De l'ignorance spirituelle.

4. Mon espoir est de maintenir la Terre comme terrain d'entraînement pour les âmes

L'Utopie sur terre : le monde du Vrai, du Bien et du Beau

Mon espoir est, bien sûr, de conserver la Terre
Comme lieu de réincarnation de nombreuses âmes
Et d'entraînement spirituel
Pour leurs prochaines vies aussi.
J'aimerais également que beaucoup comprennent que
Aux yeux des Extraterrestres, cette Terre constitue
Un terrain d'entraînement pour les âmes
Particulièrement recherché.

Nous devons revenir à la source de l'éducation
Et la réformer de fond en comble
En ce qu'elle devrait être.
Si possible, il nous faut établir
Le monde du bien à travers toutes nos activités.
Créer l'Utopie sur terre revient, en d'autres termes,
À instaurer le monde du Vrai, du Bien et du Beau :
Un monde vrai,
Un monde bien
Et un monde beau.
Pourtant, cette Utopie ne doit pas être la sorte d'utopie
Rendant les âmes démesurément attachées
Pour toujours au monde terrestre.
Un jour, vous quitterez votre corps physique
Pour entrer dans un autre monde où on ne peut manger
Ni même tenir la main d'une autre personne.

Vous passerez dans ce genre de monde
Semblable à une illusion
Mais ce sera le monde réel.
Les humains doivent devenir suffisamment sages
Pour devenir aptes à comprendre une telle vérité.

Chacun d'entre vous doit accomplir sa grande mission :
sauver l'esprit de chaque personne, au milieu de
l'accroissement de l'Enfer et de la propagation du mal

À présent, je suis profondément inquiet
De l'expansion actuelle du territoire de l'Enfer
Et de la propagation du mal
Dans les esprits des personnes
Vivant au sein de ce monde terrestre.
Je veux que les gens soient forts.
Le monde réel est le monde invisible
Et le monde visible est le monde temporaire.
Ceux qui sont présents dans ce monde
Pourraient trouver ce point difficile à saisir,
Mais j'espère que vous approfondirez
Le paradoxe de cette Vérité :
Ceux qui peuvent voir dans ce monde
Sont en fait aveugles
Tandis que ceux capables de voir
Ce qui n'est pas de ce monde
Ont la vraie vision.
Si vous pouvez comprendre cela, et rien que cela,
Vous serez capable de saisir le sens

De ce qui réside au cœur de toutes les religions.
Toute souffrance ou affliction dans ce monde
Est là pour le bonheur de vos vies futures.
Alors même si vous faites l'expérience
De la souffrance et de la tristesse ici-bas,
Vous ne devez pas les considérer
Comme votre vie elle-même.
L'expérience n'est qu'une expérience :
Une fois seulement la leçon tirée,
La Vérité déversera sa lumière.
Veuillez ne pas l'oublier.

À partir de maintenant,
Nous allons entrer dans une ère
De combat pour la Vérité.
Jusqu'ici,
Je constate qu'une réalité très éloignée de ma volonté
S'est toujours maintenue.
Bien que j'ignore jusqu'où je pourrai me retenir,
La crise se rapproche sûrement :
Elle est déjà en train de se produire.
Soyez bien conscients que nous sommes actuellement
En train de traverser la plus grande crise.

Maintenez sacré ce qui l'est vraiment
Et ne tenez pas compte de ce qui ne l'est pas.
J'espère que vous mènerez votre existence
En opérant ces distinctions.

Ceci conclut ce que je veux dire dans ce chapitre,

« Un Message du Sauveur ».
S'il vous plaît,
Efforcez-vous de saisir ma véritable intention.
Les nombreux ouvrages de Happy Science
Vous aideront dans cette compréhension.
Je prie sincèrement dans mon cœur
Pour que chacun d'entre vous accomplisse
Sa grande mission :
Sauver l'esprit de chaque personne, l'une après l'autre.

Postface

« Tu nous parles maintenant du Juge de l'Enfer, le Roi Yama, et de l'Ogre rouge ? Arrête un peu avec tes bêtises ! ». Je suis persuadé que nombreux seront ceux à réagir de la sorte. Pour eux, ce sont des personnages qui n'existent que dans des légendes japonaises. Ils n'apparaissent nulle part dans les manuels scolaires ni dans les examens d'entrée. Le Bouddha Shakyamuni vivait à l'époque préhistorique de Jomon, tandis que Jésus fut le fils ingrat d'un charpentier. Socrate est l'ennemi du principe de majorité, jugé coupable pour avoir évoqué le nom d'un faux dieu.

Et comment ajouter foi à la descente d'Ame-no-Mioya-Gami, Dieu le Parent japonais, censé être descendu sur le Mont Fuji depuis la Galaxie d'Andromède il y a trente mille ans, pour créer la race japonaise ?

D'autres vont ajouter :

« Où est le mal si les hommes et les femmes forniquent à leur guise ? Nous ne différons pas des chiens. »

« La religion, c'est du lavage de cerveau. Une escroquerie spirituelle totale. »

Aucun ange ne se trouve parmi les rangs des journalistes qui font ce genre de déclarations. Même les avocats iraient en Enfer. Même le notable qui a reçu des funérailles nationales a eu sa langue arrachée par Yama à cause de ses mensonges.

Ceux qui sont considérés « grands » dans ce monde

seront « petits », tandis que ceux qui sont considérés petits dans ce monde seront « grands ». Indépendamment de votre niveau d'études, carrière ou du nombre de distinctions ou médailles qu'on vous aura décernées, vous êtes destiné à aller en Enfer si vous ignorez le bien et le mal de l'esprit.

Ryuho Okawa
Fondateur et Président du Groupe Happy Science
Novembre 2022

Ce livre est la compilation de conférences, données en japonais et traduites en français, dont vous trouverez la liste ci-dessous.

Chapitre I
Introduction à l'Enfer
(Titre en japonais : *Jigoku Nyumon*)
Date : 24 juillet 2022
Lieu : Salle Spéciale de conférence de Happy Science, Japon

Chapitre II
La Loi de l'Enfer
(Titre en japonais : *Jigoku no Ho)*
Date : 25 juillet 2022
Lieu : Salle Spéciale de conférence de Happy Science, Japon

Chapitre III
Malédictions, sorts et possession
(Titre en japonais : *Noroi to Hyo-i*)
Date : 1ᵉʳ août 2022
Lieu : Salle Spéciale de conférence de Happy Science, Japon

Chapitre IV
La lutte contre les diables
(Titre en japonais : *Akuma to no Tatakai*)
Date : 3 août 2022
Lieu : Salle Spéciale de conférence de Happy Science, Japon

Chapitre V
Un Message du Sauveur
(Titre en japonais : *Kyuseishu kara no Message*)
Date : 6 août 2022
Lieu : Salle Spéciale de conférence de Happy Science, Japon

Sur l'auteur

Fondateur et PDG du Groupe Happy Science.
Ryuho Okawa est né le 7 juillet 1956, à Tokushima
au Japon. Après un diplôme de droit à l'Université de
Tokyo, il est recruté par une entreprise d'import-export
tokyoïte ; muté au siège de New York, il étudie en même
temps la finance internationale au Graduate Center de la
City University of New York. En 1981, il atteint le Grand
Éveil en devenant conscient d'être El Cantare, qui a pour
mission d'apporter le salut à toute l'humanité.

En 1986, il fonde **Happy Science**, qui compte à présent
des membres au sein de 168 pays, à travers 700 centres et
temples dédiés et 10 000 maisons missionnaires dans le
monde entier.

Il totalise à lui seul plus de 3 500 conférences (150 en
anglais) et plus de 3 100 livres (plus de 600 dans la série
des Messages Spirituels) dont beaucoup ont été traduits
en 41 langues. Un bon nombre de ces ouvrages tels que
La Loi du Soleil et *La Loi de l'Enfer* se sont hissés en tête
des ventes et certains se sont même écoulés à des millions d'exemplaires. Ryuho Okawa est auteur du concept
original et de l'histoire des 27 films produits par Happy
Science à ce jour, ainsi que de la musique et des paroles de
plus de 450 chansons.

De plus, il a fondé les **Université et Académie** (collège
et lycée) **Happy Science** ; le **Parti de la Réalisation du
Bonheur,** dont il est aussi Président ; l'**Institut Happy
Science d'Administration et de Gestion,** dont il est Di-

recteur Honoraire ; la maison d'édition **IRH Press** et les agences artistiques **NEW STAR PRODUCTION** et **ARI Production,** dont il est Président.

Qu'est-ce qu'un Message Spirituel ?

Nous sommes tous des êtres spirituels qui vivons sur cette terre. Voici une brève explication sur le mécanisme à l'œuvre à travers la production des messages spirituels de Ryuho Okawa.

1 Vous êtes un Esprit

Les gens naissent dans ce monde pour y gagner en sagesse à travers toutes sortes d'expériences, avant de revenir à l'autre monde à la fin de leur vie. Nous sommes tous des Esprits, qui renouvelons ce cycle dans le but d'affiner notre âme.

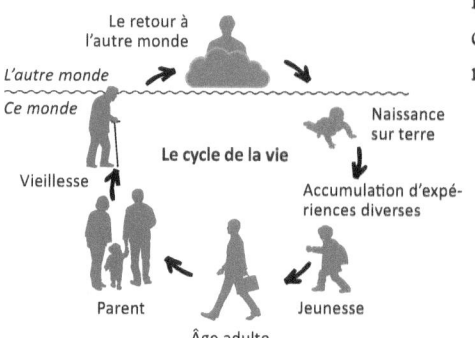

2 Vous avez un Esprit-Gardien

Les Esprits-Gardiens sont ces Esprits qui nous protègent tout au long de notre vie terrestre. Chacun de nous a un Esprit-Gardien qui veille sur lui et qui le guide à partir de l'autre monde. Ils sont en réalité ce que nous avons été lors de notre vie antérieure, et leur façon de penser montre une ressemblance profonde à la nôtre.

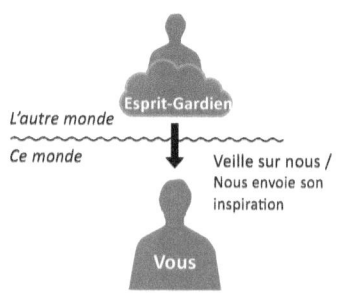

3 Comment fonctionnent les Messages Spirituels

Du fait que ces Esprits-Gardiens pensent au même niveau de subconscient que leur homologue sur terre, Okawa peut invoquer l'un d'eux pour savoir ce que son représentant sur terre pense réellement. Si ce dernier est déjà revenu dans l'autre monde, ce sera alors lui-même, en tant qu'Esprit, qui enverra des messages par l'intermédiaire d'Okawa.

Depuis 2009, les messages de centaines d'Esprits ont ainsi été enregistrés par Ryuho Okawa. Parmi ceux-ci les messages spirituels des Esprits-Gardiens d'hommes politiques en activité, tels que Donald Trump, Vladimir Poutine et Xi Jinping, mais aussi les messages spirituels adressés du Monde Spirituel par Jésus-Christ, Mohammed, Thomas Edison, Mère Teresa, Steve Jobs et Nelson Mandela ne sont qu'un échantillon des messages spirituels publiés à ce jour.

Au Japon même, ces messages spirituels sont lus par une large frange de politiciens et de représentants des médias. Le contenu élevé des livres ainsi produits exerce un impact encore plus fort sur la politique, les actualités et l'opinion publique. Au cours de ces dernières années, une partie de ces messages spirituels ont été enregistrés directement en langue anglaise, tandis qu'une traduction en anglais et en d'autres langues est en cours pour les messages spirituels reçus en japonais. Ceux-là ont été publiés à l'étranger, l'un après l'autre, et ont commencé à bouleverser notre monde.

1 L'Esprit-Gardien / Esprit de l'autre monde

2 Entre dans le corps d'Okawa en ce monde

3 Okawa exprime les pensées de l'Esprit-Gardien / de l'Esprit

Qu'est-ce que El Cantare ?

El Cantare signifie « Lumière de la Terre » ; c'est le Dieu Suprême de la Terre qui a guidé l'humanité dès le début de la Genèse. Il est Celui que Jésus a appelé Père, que Mohammed a appelé Allah, et *Ame-no-Mioya-Gami* (Dieu le Parent selon le shintoïsme). Différentes parties de la conscience centrale d'El Cantare sont descendues sur terre dans le passé, une fois en tant qu'Alpha et une autre en tant qu'Elohim. Les membres de Sa fratrie d'âmes, à laquelle appartiennent le Bouddha Shakyuamuni et Hermès, sont descendus sur terre à maintes reprises pour contribuer à l'essor de nombreuses civilisations. Pour unifier différentes religions en y intégrant des domaines d'études divers et bâtir sur Terre une nouvelle civilisation, une partie de Sa conscience centrale s'est incarnée en tant que Maître Ryuho Okawa.

Alpha est une partie de la conscience centrale d'El Cantare descendue sur terre il y a plus de 330 millions d'années. Alpha instaura la Vérité de la Terre pour harmoniser et unifier les Terriens de souche et ceux venus d'autres planètes.

Elohim est le nom de la conscience centrale d'El Cantare qui vécut sur Terre il y a 150 millions d'années, où il se focalisa notamment sur l'enseignement consistant à distinguer la lumière des ténèbres, le bien du mal.

Ame-no-Mioya-Gami (天 御 祖 神 litt. Dieu le Parent au Ciel) est le Dieu Créateur et l'ancêtre originel du peuple japonais dont on trouve le nom dans une écriture ancienne, nommée Hotsuma Tsutae. Selon les investigations spirituelles menées par Ryuho Okawa, Il atterrit au pied du mont Fuji, il y a environ 30 000 ans et bâtit la « dynastie Fuji » qui fut la racine de la civilisation japonaise et qui influença les civilisations anciennes des autres pays du monde.

Le Bouddha Shakyamuni naquit prince au sein du clan Shakya en Inde, il y a environ 2 600 ans. À l'âge de 29 ans, il renonça au monde pour partir en quête de l'Éveil. Plus tard, il atteint le Grand Éveil et fonda le Bouddhisme.

Hermès est considéré, dans la mythologie grecque, comme l'un des 12 dieux de l'Olympe, mais la Vérité spirituelle est qu'il naquit sur l'île de Crète il y a environ 4 300 ans pour y professer des enseignements sur l'amour et le progrès, qui sont devenus l'origine de l'actuelle civilisation occidentale. C'est un héros dont l'existence est avérée.

Ophéalis naquit en Grèce il y a environ 6 500 ans. Ce fut un roi qui effectua de nombreuses expéditions jusqu'en Égypte. Dieu des miracles, de la prospérité et des arts, il est connu sous le nom d'**Osiris** dans la mythologie égyptienne.

Rient Arl Croud naquit en tant que roi de l'ancien Empire Inca il y a environ 7 000 ans, où il enseigna les mystères de l'esprit. Dans le Monde Céleste, il est responsable des interactions qui ont lieu entre différentes planètes.

Thoth fut un dirigeant omniscient qui construisit l'âge d'or de la civilisation atlante il y a environ 12 000 ans. Dans la mythologie égyptienne, il est connu en tant que le dieu Thoth.

Ra Mu fut le dirigeant qui mena la civilisation Mu à son apogée, il y a 17 000 ans environ. En tant que chef religieux et homme politique, il gouverna en unissant la religion et la politique.

LA LOI DU MESSIE

De l'Amour à l'Amour

1. « Ici et maintenant, la pensée d'Elohim. »
2. Ce que le Messie devrait dire et faire maintenant
3. Les enseignements du Messie
4. Le Cœur de la Terre
5. L'Amour du Messie

Ma Loi commença par l'Amour,
Et finira par l'Amour.
Sur ce chemin, je prêcherai beaucoup sur la « Vérité »
Et le « Bonheur ».
Aimez votre Seigneur Dieu.
Il est l'Être qui vous aime le plus.

- Postface

La « Voix de Celui qui protège la Terre » : voilà la manière dont l'auteur qualifie cet ouvrage. Découvrez, savourez cette Voix par vous-même, pour faire partie de ces Terriens qui savent dans quelle direction devra désormais évoluer notre planète.

ISBN : 978-4-8233-0325-8
252 pages / 15 €

Feuilleter

LA LOI DU SECRET
Cette nouvelle vision du monde qui transforme l'existence

1. Le monde secret de la religion
2. Se remettre des interférences spirituelles
3. La condition du véritable Exorciste
4. Le droit chemin pour soumettre les démons
5. La création qui découle de la Foi

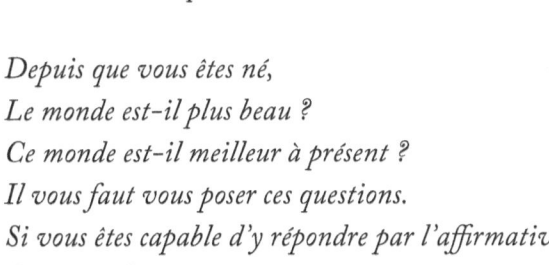

Depuis que vous êtes né,
Le monde est-il plus beau ?
Ce monde est-il meilleur à présent ?
Il vous faut vous poser ces questions.
Si vous êtes capable d'y répondre par l'affirmative,
Cela signifie que votre vie aura été un succès.

-Chapitre IV « Le droit chemin pour soumettre les démons »

La Loi du Secret nous révèle les aspects « secrets » de notre monde quotidien et nous rend conscients des interactions que nous entretenons de fait avec les entités invisibles à nos yeux physiques, et du sens profond de notre existence terrestre. Certaines analyses concernant l'infection aux virus, y compris le nouveau coronavirus et tous ses variants, sont inédites et à découvrir en cette période de pandémie généralisée, ainsi que les principes d'exorcisme expliqués non seulement en théorie mais basées sur des vécus réels de l'auteur, expert en spiritualité. Ce 27ème ouvrage de la **Série des Lois**, après *La Loi d'Acier*, vous offrira une nouvelle vision du monde et de nouvelles lignes directrices selon lesquelles vivre.

ISBN : 978-4-8233-0286-2
264 pages / 18 €

Feuilleter

LA LOI DU SOLEIL

De la Genèse du Grand Univers à l'avènement d'un âge d'or sur Terre

1. Le lever du Soleil
2. La Vérité parle
3. Le grand fleuve de l'Amour
4. L'Éveil suprême
5. L'Âge d'Or
6. Le chemin de El Cantare

Si la religion s'intéresse particulièrement à ce qui attend l'être humain après la mort, la science cherche à clarifier le mystère de son origine, ainsi que d'autres formes de vie. J'aimerais ici vous narrer la naissance de la vie. Je vais raconter la merveille de son origine, en démontrant que les recherches des religieux et des scientifiques convergent en fait vers un même but ultime.

— Ch. 1 « Le lever du Soleil »

Les secrets de la Genèse du Grand Univers, comprenant les espaces multidimensionnels, de la Création des premières âmes humaines sur Terre, de l'origine de la réincarnation et de l'Esprit-Gardien, du but de notre existence en ce bas monde, des civilisations disparues de l'Atlantide, de Mu et de celles de l'antiquité plus lointaine… Ces vérités essentielles se révèlent ici à l'instar du soleil levant, éclairant à la fois l'origine commune de l'Humanité, si divisée aujourd'hui et le chemin que cette dernière, unie de nouveau, devra suivre pour accéder à un âge d'or global.

ISBN : 978-4-86395-678-0
252 pages / 18 €

Feuilleter

LA LOI DE L'ÉTERNITÉ

L'Au-delà, et les secrets révélés du Monde Multidimensionnel

1. Le monde à 4 dimensions
2. Le monde à 5 dimensions
3. Le monde à 6 dimensions
4. Le monde à 7 dimensions
5. Le monde à 8 dimensions
6. Le monde à 9 dimensions

Le fait que l'étude du Monde Spirituel n'ait jamais été reconnue comme une véritable science a provoqué la détresse d'un grand nombre de personnes. Je crois que ma mission consiste à donner ici les réponses les plus précises possible et à servir de guide. Il est angoissant de naviguer sans plan, tandis que des cartes appropriées permettent d'entreprendre la traversée avec un minimum d'appréhension.

— Ch. 1 « Le monde à 4 dimensions »

Dans cet ouvrage, se trouvent inscrits les secrets de l'Au-delà avec une clarté frappante : tout être humain y est un éternel voyageur, progressant dans cette vaste structure multidimensionnelle.

ISBN : 978-4-86395-652-0
176 pages / 17 €

Feuilleter

LE STIGMATE INCONNU 1
‹LE MYSTÈRE›

L'incident se produit un après-midi à Tokyo, au début de l'été, dans un parc très boisé : juste après le cri perçant d'une jeune femme, un corps est retrouvé, gisant sur le sol, les yeux révulsés et l'écume aux lèvres. Pas de signe apparent de coups ni une seule goutte de sang. C'est alors que se multiplient les cas similaires, sans jamais aucun indice. Une mystérieuse série de meurtres qui finira par mener les enquêteurs sur la piste d'une jeune religieuse catholique… Le premier roman policier spirituel de Ryuho Okawa.

ISBN : 978-4-8233-0388-3
15 €

LE STIGMATE INCONNU 2
‹LA RÉSURRECTION›

Suite à une expérience spirituelle extraordinaire, une jeune bonne sœur catholique est à présent dotée d'une mission noble, et inédite. Où donc la mènera sa destinée ? Vers l'espoir ou le désespoir ? En découleront une série d'événements que personne n'aurait pu anticiper. Êtes-vous prêt à partager son incroyable issue ? La suite de *Le Stigmate inconnu 1 ‹Le Mystère›*, par Ryuho Okawa.

ISBN : 978-4-8233-0389-0
15 €

LE STIGMATE INCONNU 3
<L'UNIVERS>

Dans cette suite étonnante des deux premiers tomes de *Le Stigmate inconnu*, la protagoniste voyage à travers l'univers, à la rencontre d'un monde mystique inaccessible à l'humanité.
Ce qui l'attend au-delà de ce monde mystérieux a de quoi stupéfier nos contemporains.

ISBN : 978-4-8233-0390-6
15 €

AVEC SAUVEUR

Messages de Yaidron, un Être Spatial

1. Avec Sauveur - Messages de Yaidron, un Être Spatial
2. Les Terriens vus de l'Univers - Messages spirituels de Yaidron

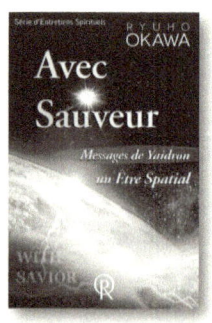

Messages spirituels reçus les 23 et 24 août 2020, d'un être spatial venu de la planète Eldar, qui observe la Terre : pandémie du Covid-19, crise économique et affirmation du matérialisme, catastrophes naturelles, violations flagrantes des droits de l'homme par un pays totalitaire… Nous sommes actuellement confrontés à une multiplication de crises sans précédent. Notre civilisation terrestre serait-elle sur le point de s'effondrer ? Une intervention de l'Espace pourrait-elle se déclencher en vue de sauver notre planète ? Vu par Yaidron, un Être Spatial, une « Nouvelle Genèse » émergera de ce chaos, ouvrant une nouvelle voie à notre humanité, grâce à l'avènement sur Terre de Sauveur. Ce livre nous détaille ce chemin, porteur de notre avenir.

Nous avons désormais la possibilité de nous impliquer pleinement au profit de la Terre, et c'est là notre chance de transmettre aux Terriens ignorants et obstinés les réflexions d'êtres d'autres civilisations spatiales, ou les clés du fonctionnement de la volonté de l'Univers. C'est donc bien une crise pour l'humanité, mais le Sauveur apparaît justement en raison de cette crise, et c'est à ce moment que la volonté de l'Univers sera révélée.

- Ch.1 « Avec Sauveur »

ISBN : 978-4-8233-0245-9
216 pages / 14 €

Feuilleter

LES PAROLES DE R.A. GOAL
QUI OUVRENT L'AVENIR DE LA TERRE

Messages d'un « Messie » cosmique adressés à tous les Terriens

1. Les trois messages de R. A. Goal
2. Les Paroles de R. A. GOAL
   qui ouvrent l'avenir de la Terre

Voyez cette Lumière qui a traversé
Les ténèbres de l'univers
Pour nous parvenir jusqu'ici.
Entendez cette parole annonçant que
Le dernier Messie est là.
Croire ou ne pas croire : cela déterminera l'avenir de l'humanité.

– Postface

R. A. GOAL se situe parmi les « Messies » à l'échelle cosmique surgissant actuellement pour envoyer des messages aux Terriens qui, à leurs yeux, courent aveuglément à la perte de leur civilisation planétaire. Ce présent ouvrage, le 2 800ème de l'auteur, inclut la transcription des deux séances de canalisation spirituelle, effectuées par Okawa en début de l'année 2021, qui détaillent l'origine du Covid-19 et d'autres menaces qui mettent en danger la survie des êtres humains sur notre planète.

ISBN : 978-1-943928-27-9
152 pages / 11 €

Amazon.fr

LA PENSÉE INVINCIBLE

On ne perd jamais dans la vie

1. La Source de l'Invincibilité
2. Inversion positive des perspectives
3. Vie et Réussite
4. Le pouvoir de la Pensée Invincible

Cet ouvrage vise à permettre à chacun de devenir un élément de premier plan, capable de montrer aux autres la bonne voie, et de réussir dans n'importe quelle situation.

La Pensée Invincible *constitue une philosophie, ou plutôt un mode de vie. Cette méthode permet d'apprendre de la réussite comme de l'échec, et de développer ainsi notre capacité à guider les autres. En conjuguant pensée positive et réflexion sur nousmêmes, elle nous libère des freins pour construire notre avenir au-delà des aléas rencontrés.*

Reconsidérer ce monde tridimensionnel comme un lieu d'apprentissage pour nos âmes nous permet de réévaluer le sens de nos expériences : ce livre fournit une diversité de conseils pour transformer nos vécus en trésor de sagesse et nourriture de l'âme, pour se forger une personnalité de leader. C'est par une attitude à la fois positive, active et autoréflexive que naît la Pensée Invincible, nous faisant avancer sur le chemin de la victoire constante.

ISBN : 978-4-86395-501-1
160 pages / 15 €

Feuilleter

UN ESPRIT INÉBRANLABLE

Comment surmonter les difficultés de la vie

1. La vie est comme un Iceberg
2. Le Principe d'accumulation
3. Affrontez l'anxiété et la détresse
4. Les influences spirituelles à l'origine de la souffrance
5. Tiomphez des influences négatives
6. Un Esprit Inébranlable

Un Esprit Inébranlable tient à la conviction ferme que vous êtes une parcelle du divin, à votre détermination à délivrer au monde plus de lumière tel un représentant du divin, et à votre intention pure de créer un monde meilleur.

- Ch. 6 « Un Esprit Inébranlable »

Des conseils précis sur l'attitude à adopter face aux inquiétudes et défis de l'existence, aidant à mieux l'orienter et à construire une base inébranlable.

ISBN : 978-4-86395-666-7
160 pages / 15 €

Feuilleter

ENFIN, JE N'AI PLUS PEUR DE L'AU-DELÀ !

36 questions-réponses sur le Monde Spirituel

1. Je n'ai plus peur de la mort grâce à mes connaissances sur l'Au-delà !
2. Je vais mener une vie heureuse, car je connais mieux le système de l'Au-delà, en rapport avec ce monde !
3. Je me débarrasse des influences spirituelles négatives !
4. Je comprends mieux maintenant ce qu'est Dieu !

La question est de croire que tout se termine avec la mort ou de croire que ta personnalité demeurera après la mort. Sur lequel paries-tu ? J'ai la preuve sûre de l'existence de l'Au-delà. Et il ne fait aucun doute pour moi que le fait de parier sur l'existence d'un monde après la mort te permettra de mener une vie plus heureuse.

- Prologue

Que se passe-t-il lorsqu'on meurt ? Le Ciel et l'Enfer existent-ils ? Quelle est la réalité de la réincarnation et du karma ? Comment connaître son destin ? Que font nos Anges gardiens ? Autant de questions qu'on se pose tous, auxquelles l'auteur, spécialiste mondialement renommé en la matière depuis 30 ans, tâche de répondre sans ambiguïté, te permettant probablement de dire après sa lecture : « Enfin, je n'ai plus peur de l'Au-delà ! »

ISBN : 978-4-86395-959-0
192 pages / 14 €

Feuilleter

VOYAGES DANS LE MONDE SPIRITUEL

Que s'y passe-t-il réellement ?

1. La vie dans l'Au-delà
2. Les mystères de la vie après la mort
   -*Questions & Réponses*-
3. Les développements modernes
   au sein du Monde Spirituel
4. Départ pour l'Au-delà

*Voyages dans le Monde Spirituel pourrait
donner l'impression d'un titre mystique. Mais le Monde Spirituel
est un endroit qui m'est aussi naturel à visiter que ne le serait,
pour vous, votre propre jardinet.*

- Préface

Toujours un peu sceptique quant à l'Au-delà ? Laissez-vous tenter par
une visite guidée du Monde Spirituel, grâce aux nombreux exemples
que l'auteur retient de ses fréquents « voyages » dévoilant des aspects
tels que : le lien entre rêve et voyage astral, l'interaction entre le
monde des Déesses de la beauté et la mode, l'affrontement en Enfer
entre les soldats de l'antiquité et ceux issus de notre monde moderne,
le problème lié à la transplantation d'organes, l'évolution du Monde
Spirituel en rapport avec ce monde-ci... Proposés par l'un des plus
grands experts de la spiritualité du XXIe siècle, de véritables jalons
pour aboutir à une nouvelle philosophie de la vie, à l'usage de nos
contemporains.

ISBN : 978-4-8233-0120-9
288 pages / 15 €

Feuilleter

LE BONHEUR EST L'ŒUVRE DE MA VIE !

Clés d'une vie SANS STRESS

1. Mieux gérer son stress
2. Méthodes pour Améliorer les Relations Humains
3. Un cœur apte à féliciter
4. Survivre aux déferlantes du destin
5. Ressentez le Miracle

Soumise aux problèmes de relations personnelles, d'échéances financières comme aux maladies, notre vie se trouve remplie de STRESS ! À partir des expériences de l'auteur et d'autres exemples divers, ce livre vous suggère comment maîtriser votre esprit. Rien n'existe par hasard dans ce monde. Les difficultés de votre vie illustrent votre propre « cahier d'exercices » et les surmonter vous permet de vous perfectionner et d'atteindre une paix intérieure profonde.
Vous pouvez ainsi vous exclamer : « LE BONHEUR est l'œuvre de ma vie ! »

ISBN : 978-4-8233-0035-6
156 pages / 15 €

Feuilleter

CORPS ET ESPRIT,
LES VOIES DE LA GURÉRISON

1. Une relation heureuse entre Corps et Esprit
2. Conseils pratiques sous forme de
   questions et réponses
3. Le pouvoir de la foi, clé de la santé

Les êtres humains ont une capacité innée à réparer leur corps ; mais, faute d'être activée, cette faculté reste endormie. Le corps humain est constitué d'os, tels ceux du crâne, et de muscles internes, tous en évolution constante au cours de l'existence. Même si cela peut prendre un certain temps, en réalité, rien n'est immuable dans notre corps ! De ce fait, en maintenant une volonté de guérison ferme, beaucoup de maladies peuvent réellement être éradiquées, même au terme d'un lent processus. Puisque la force de la pensée peut réussir à détériorer le corps, voire même à susciter l'apparition de cancers, elle peut tout aussi sûrement être utilisée dans une optique positive.

Reprenez les commandes de votre « véhicule » corporel, à travers certaines clefs… Cet ouvrage dévoile ainsi les mécanismes spirituels à l'œuvre derrière un grand nombre de troubles physiques : propagation des virus, autisme, transplantation d'organes, maladies, phobies et handicaps de naissance, sans oublier dépression, avortement et cancer… Un véritable guide, pour votre santé et régénération !

ISBN : 978-4-86395-502-8
160 pages / 15 €

Feuilleter

Exorcisme - Principes Fondamentaux
Comment vous protéger, vous et votre famille, des mauvais Esprits ?

Le Retour de Bouddha
Message à tous mes disciples bien-aimés

Le Bouddha Éternel
La Lumière impérissable est présente ici, et maintenant

L'Essence du Bouddha
Le chemin de l'Illumination

Changez votre Vie, Changez le Monde
Guide spirituel pour mieux vivre aujourd'hui

Le chemin de la tolérance religieuse
Comment réconcilier les sphères religieuse et politique au sein d'un état

Le choc des civilisations religieuses

L'Amour pour l'Avenir
Construire un monde libre et démocratique où règne la Vérité de Dieu

Manifeste du Parti de la Réalisation du Bonheur

Aime, Instruis et Pardonne

Manuel de l'Autoréflexion

Essence du Zen

« Roman »

Le Stigmate inconnu 1 - Le Mystère -

Le Stigmate inconnu 2 - La Résurrection -

Le Stigmate inconnu 3 - L'Univers -

« Série Entretiens Spirituels »

La résurrection de l'Amour
Message Spirituel de Jésus-Christ

Le dernier message de Nelson Mandela
Entretien exclusif, 6 heures après sa mort

Les nouvelles stratégies diplomatiques de Sir Winston Churchill
Un entretien spirituel avec l'ancien premier ministre sous l'ère de la persévérance

Le Secret du Viol de Nankin
La confession spirituelle d'Iris Chang

Les Paroles de R. A. Goal qui ouvrent l'avenir de la Terre
Messages d'un « Messie » cosmique adressés à tous les Terriens

Avec Sauveur
Messages de Yaidron, un Être Spatial

ℛ HAPPY SCIENCE GROUP

Happy Science est un groupe de dimension internationale, fort de 12 millions de membres répartis dans plus de 168 pays, qui œuvre pour un monde d'amour et d'harmonie. Nous y contribuons entre autres par la religion, les médias, l'éducation, la politique pour lesquels notre engagement est quotidien.

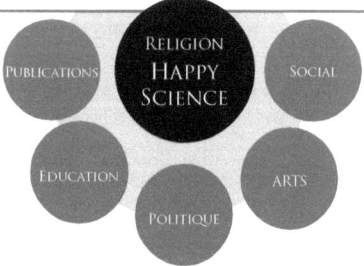

Happy Science

Nous promouvons toutes sortes d'activités basées sur le constat que le bonheur d'une société s'acquiert par celui de chacun des individus qui la composent. Le bonheur commence par ce choix d'être heureux.

Éditions IRH Press

IRH Press a publié plus de 3 100 ouvrages de Ryuho OKAWA, traduits en 41 langues, et produit 27 long-métrages à succès.
Son lectorat s'étend dans le monde entier.

Académie et Université Happy Science

L'Académie Happy Science est un internat fondé en 2010 sur les principes éducatifs de Happy Science. L'Université Happy Science a ouvert ses portes en avril 2015 avec pour devise : « L'exploration du bonheur et la création d'une nouvelle civilisation ».

Parti de la Réalisation du Bonheur

Fondé sur les idéaux de démocratie et de liberté, son propre parti politique « PRB » a été créé en 2009 pour permettre au Japon et au reste du monde de réaliser le bonheur de notre société.

Arts

Nous avons créé deux agences d'artistes : NEW STAR PRODUCTION en 2011 et ARI Production en 2017, afin que leurs talents puissent exprimer et transmettre la Vérité divine.

Contribution sociétale

Nous participons à de nombreuses activités de charité pour apporter non seulement une aide matérielle à ceux qui se trouvent dans le besoin, mais aussi un secours à leurs âmes.

Concernant Happy Science France

Représentée en France en tant qu'association loi 1901, Happy Science a ouvert en 2009 un centre parisien ayant pour vocation spécifique :

- l'animation de divers programmes en français (conférences, ateliers, méditations, projections de film...) aidant à une meilleure compréhension de la philosophie de la Science du Bonheur
- l'organisation de rencontres et évènements ponctuels pour promouvoir les enseignements de Ryuho OKAWA dans le cadre élargi de la francophonie européenne
- la publication des livres de Ryuho OKAWA
- des consultations personnelles
Pour plus d'informations :

Happy Science France
56 rue Fondary 75015 PARIS
Tél : 09 50 40 11 10
Mail : france@happy-science.org
Site officiel : happyscience-fr.org
Facebook : Happy Science France
Chaîne YouTube : Happy Science France

Activités toute l'année, consultez notre programme :
happyscience-fr.org/programme

Happy Science à travers le monde

Les membres de Happy Science rayonnent dans plus de 160 pays. Nos branches et nos temples se répandent dans le monde entier. Vous trouverez ci-après nos principaux contacts.

Europe

France
E-mail france@happy-science.org
56, rue Fondary 75015 Paris
Tél +33-9-50-40-11-10 Fax +33-9-55-40-11-10

Allemagne
E-mail germany@happy-science.org
Rheinstr. 63, 12159 Berlin
Tél +49-30-7895-7477 Fax +49-30-7895-7478

Temple Local de Londres
E-mail eu@happy-science.org
3 Margaret Street, London W1W 8RE
Tél +44-20-7323-9255 Fax +44-20-7323-9344

(Autres centres : Suisse, Autriche, Finlande, Bulgarie, Russie)

Pays francophones, hors métropole

Bénin
E-mail benin@happy-science.org
Togoudo, Arrondissement de Godomey, Abomey-Calavi
Tél +229-6587-6853

Amérique du Nord

Temple Local de New York
E-mail ny@happy-science.org
79 Franklin Street, New York, New York 10013, U.S.A.
Tél +1-212-343-7972 Fax +1-212-343-7973

Temple Local de Toronto
E-mail toronto@happy-science.org
845 The Queensway, Etobicoke, ON M8Z 1N6, Canada
Tél +1-416-901-3747

(Autres centres : New Jersey, Chicago, Floride, Atlanta, Los Angeles, San Diego, San Francisco, Vancouver, Hawaï, Kauai)

Japon

Siège International de Happy Science
1-6-7 Togoshi, Shinagawa, Tokyo, 142-0041 Japon
E-mail tokyo@happy-science.org
Site www.happy-science.org
Tél +81-3-6384-5770 Fax +81-3-6384-5776

Pour connaître les coordonnées d'autres centres, nous vous prions de vous renseigner à cet effet auprès du centre de Happy Science France (en haut de cette liste).

Table des matières

Chapitre V
Un Message du Sauveur 205